Peter Jentzsch

Training Aufsatz

Textbeschreibung, Charakteristik, Gedichtinterpretation

7./8. SCHULJAHR

BEILAGE: LÖSUNGSHEFT

Ernst Klett Verlag
Stuttgart Düsseldorf Leipzig

Der Band stellt eine gekürzte und verbesserte Fassung des Buches Training Aufsatz, Textbeschreibung/Charakteristik/Gedichtinterpretation, Klettbuch 922072, dar.

Gedruckt auf Papier,
das aus chlorfrei gebleichtem
Zellstoff hergestellt wurde.

Die Deutsche Bibliothek – CIP-Einheitsaufnahme

Jentzsch, Peter:
Training Aufsatz – Textbeschreibung, Charakteristik, Gedichtinterpretation : 7./8. Schuljahr ; [folgt der reformierten Rechtschreibung und Zeichensetzung] / Peter Jentzsch. – 3. Aufl. – Stuttgart ; Düsseldorf ; Leipzig : Klett, 1998
ISBN 3-12-922095-X

3. Auflage 1998

Dieses Werk folgt der reformierten Rechtschreibung und Zeichensetzung. Ausnahmen bilden Texte, bei denen künstlerische, philologische oder lizenzrechtliche Gründe einer Änderung entgegenstehen.

Internetadresse: http://www.klett.de
Satz: Schwabenverlag, Ostfildern
Druck: Wilhelm Röck, Weinsberg
Innen- und Einbandgestaltung: Bayerl & Ost, Frankfurt/M.
ISBN 3-12-922095-X

INHALT

GEDICHTINTERPRETATION

Liebe Schülerin, lieber Schüler!

Dieses Buch soll dir helfen, deine Leistungen im Umgang mit Texten und im Aufsatz zu verbessern. Es zeigt dir, was du üben musst und wie du das tun kannst, weil dieses Wie im Unterricht manchmal zu kurz kommt. Trainieren aber musst du selbst, das weißt du vom Sport. Und **trainieren** heißt üben, lernen, **selbstständig arbeiten**. Das kann dir niemand abnehmen. Aber es gibt Hilfsmittel, die das Training erleichtern und damit deine Erfolgsaussichten wesentlich verbessern. Solche Hilfsmittel zur Bearbeitung von Texten und zur Aufsatztechnik gibt dir dieses Buch an die Hand.

- Die einzelnen Übungen und Lernschritte sind so angeordnet, dass sie von einfachen zu schwierigeren Aufgaben führen.
- Alle wichtigen Arbeits- und Aufsatztechniken erarbeitest du dir an konkreten Beispielen, die aus der Unterrichtspraxis stammen und von anderen Schülern bereits erprobt wurden.
- Viele Übungen werden durch ein kurzes Einführungsbeispiel erklärt, damit du weißt, was du tun musst, um die Aufgaben zu lösen.
- Auch bei der Überprüfung deiner Ergebnisse wirst du nicht im Stich gelassen, denn im Lösungsheft findest du für jede Übung einen Ergebnisvorschlag. Dort sind, damit du Wesentliches rascher überblickst, oft wichtige Arbeitsbegriffe und Stichworte zum Thema unterstrichen.
- Trainieren heißt auch üben und wiederholen. Damit dir dies leichter fällt, werden wichtige Anregungen und Regeln für die Trainingsarbeit in Merkkästen zusammengefasst. Du brauchst also nur nachzuschlagen, wenn dir einzelne Arbeitsschritte unklar sind. Dein Trainer steht bereit, dich zu betreuen und dir weiterzuhelfen.

Das Trainieren soll aber Spaß machen. Deshalb sind die Texte so ausgewählt, dass das Lesevergnügen nicht zu kurz kommt. Natürlich wurden auch Textbeispiele berücksichtigt, die im Unterricht häufiger gelesen werden. Das wird dir die Mitarbeit in der Schule erleichtern.

TEXTBESCHREIBUNG

1 Was ist eine Textbeschreibung?

Bevor du mit dem Aufsatztraining beginnst, sind einige Grundbegriffe zu erklären. Der Begriff **Texterschließung** bezeichnet keine Aufsatzform, sondern einen Vorgang: nämlich das Erschließen eines Textes, man könnte auch sagen: das Entschlüsseln. Das heißt, man untersucht einen Text genauer, seinen Inhalt beispielsweise oder den Aufbau, die Sprache oder die Gestaltung einzelner Personen. Mit dem Wort **Textbeschreibung** ist das Ergebnis einer intensiven Untersuchungsarbeit an einem Text gemeint. Eine Textbeschreibung ist ein kleiner Aufsatz in vollständigen Sätzen. Beantwortet wird darin meist nur bestimmte Fragen zum Text.

Woher kommen solche Fragen? Oft ergeben sie sich im Unterrichtsgespräch über einen Text, manchmal werden sie vom Lehrer vorgegeben, oder du musst sie, etwa bei Hausaufgaben, selbst erarbeiten.

Typische Fragen zur Texterschließung und später zur Aufsatzform „Textbeschreibung" (in Beispielen):

- Wie ist der Text (die Handlung) gegliedert und aufgebaut?
- Wie werden die Personen und ihr Zusammenspiel beschrieben oder charakterisiert?
- Welche Erzählperspektive ist erkennbar?
- Welche sprachlichen Eigenarten fallen dir auf? Wie wirken sie?

Erst wenn man einen Text anhand mehrerer Fragen dieser Art untersucht hat, kann man etwas Genaueres über den Sinn, die Aussageabsicht oder die Wirkung des Textes auf die Leser aussagen, kann man von einer Interpretation sprechen. Die Textbeschreibung ist also eine notwendige Vorstufe zur Interpretation.

Besonders wichtig ist, dass du eine Inhaltsangabe deutlich von der Textbeschreibung unterscheiden kannst. Wir fangen deshalb noch einmal mit einer kurzen Erinnerung an die Inhaltsangabe an.

Worauf es bei einer Inhaltsangabe ankommt

„Wie viel ist zwei mal zwei?“

In einer Schule sagte einmal der Lehrer zu den Schülern: „Merkt es euch, liebe Kinder, zwei mal zwei ist neun.“ Es war eine seiner letzten Unterrichtsstunden. Kurz danach hat man ihn wegen vorgeschrittenen Alters pensioniert.

Nach Ausscheiden des Lehrers sah sich das Lehrerkollegium vor eine schwierige Frage gestellt: Wie soll man den Mathematikunterricht fortsetzen, wenn die Kinder in der irrigen Überzeugung beharren, dass zwei mal zwei neun ist? Wie soll man ihre entstellte Auffassung über das Einmaleins korrigieren?

Nach dem Meinungsaustausch, der im Schoße des Lehrkörpers stattgefunden hat, kam jemand zu dem Schluss, dass es ein Unsinn wäre, den Kindern das absolut umgekehrte Ergebnis der Aufgabe, zwei mal zwei sei vier, zu offenbaren. Ein so krasser Unterschied in der Berechnung könnte, wie behauptet wurde, das Kinderhirn zu stark erschüttern. Man empfahl demnach dem neuen Lehrer, seinen Schülern ein der Wahrheit näher liegendes Ergebnis bekannt zu geben, nämlich zwei mal zwei gleich sieben. „Mögen die Kinder etappenweise die richtige Lösung kennenlernen“, sagte der Schulleiter in der Lehrkörperversammlung.

In Übereinstimmung mit diesem Beschluss hielt man es für angebracht, in der folgenden Stunde ein der Wahrheit schon näher liegendes Ergebnis zu wagen: zwei mal zwei gleich sechs.

Es zeigte sich aber, dass diese Lehrmethode kaum voraussehbare Folgen hatte. Denn nicht alle Schüler reagierten auf gleiche Weise auf das derart entstandene Zahlendurcheinander.

Es gab welche, die das jeweils angegebene Ergebnis gleichgültig ins Heft schrieben, ohne sich intellektuell zu engagieren.

Manche lehnten sich innerlich auf, ohne öffentlich zu protestieren.

Es gab auch eine Gruppe von Kindern, die nach dem Unterricht zum Lehrer ging und um Aufklärung bat, doch dieser schickte sie fort unter irgendeinem Vorwand. Ein großer Teil der Schüler bestand hartnäckig auf der ersten Variante „2 x 2 = 9“, denn er hatte keine Lust, immer wieder die gleiche Aufgabe umzuschreiben.

Artige Kinder schrieben die immer wieder neuen Ergebnisse mit Freude und Begeisterung ab.

Die Unartigen verschmierten die Wände in den Toiletten mit scheußlichen Aufschriften „2 x 2 = 4“.
Die weitsichtigen Karrieristen riefen öffentlich in den Pausen (so, dass es der Schulleiter hörte) aus, zwei mal zwei sei drei oder sogar eins. Aber niemand in der Klasse zweifelte im Geringsten daran, dass zwei mal zwei vier war, denn jedes Kind konnte es sich an seinen zehn Fingern abzählen.

Janusz Oseka

AUFGABE

1 a) Markiere im Text oben die Einleitung, die beiden Hauptteile und den Schluss. Es gibt Hilfsfragen, mit denen du herausfinden kannst, wie ein Text gegliedert ist (s. unten)

b) Setze die folgende Stichwortgliederung des Inhalts fort.

Einleitung:
– Irrtum eines alten Lehrers (2 x 2 = 9)

Hauptteil A:
– Beunruhigung unter den Lehrern: Wie korrigiert man den Fehler?
– Empfehlung: allmähliche Annäherung an die „Wahrheit“, z. B. 2 x 2 = 7
– Das Wagnis: 2 x 2 = 6

MERKE

Mit Hilfsfragen die Gliederung eines Textes erkennen

1. Wer ist am Geschehen beteiligt? Wo treten neue Personen auf?
2. Wo sind neue Schauplätze zu erkennen?
3. Welche Wörter verraten einen zeitlichen Ablauf?
4. Wo erkennt man neue Gedanken oder Ereignisse?
5. Wird der Text durch Wortwiederholungen gegliedert?

AUFGABE 2

a) Kläre, ob du alle Fremdwörter bzw. ungewöhnlichen Wörter verstanden hast, indem du die folgenden durch einen deutschen Ausdruck ersetzt:

Lehrkörperversammlung, intellektuell, sich engagieren, etappenweise, Variante, Karrierist.

b) Setze die folgende Inhaltsangabe fort. Gehe dabei von deinen Stichwortnotizen (Aufgabe 1 b) aus.

Inhaltsangabe

In dieser kurzen Geschichte erzählt der polnische Journalist Janusz Oseka von eigenartigen Lehrmethoden in einer Schule, auf die die Schüler in unerwarteter Weise reagieren. Wo und wann sich die Vorgänge ereignet haben, wird nicht genau gesagt.

Ein alter Lehrer hatte behauptet, zwei mal zwei sei neun. Er wird daraufhin pensioniert, und das Lehrerkollegium berät, wie man den Schülern nun das richtige Ergebnis vermitteln soll.

Um den Irrtum schonend zu korrigieren, sollen die Schüler die richtige Lösung schrittweise erfahren. Die Lehrer sagen zunächst, zwei mal zwei sei sieben, dann sechs …

MERKE

Worauf es bei einer Inhaltsangabe ankommt

Sie beantwortet wichtige W-Fragen, damit man den inhaltlichen Zusammenhang der in einer Geschichte erzählten Ereignisse besser versteht, z. B.:

- Was geschieht, wie geschieht es und in welcher Reihenfolge?
- Wer ist am Geschehen beteiligt? Wie verhalten sich die Personen? Was sagen sie? Welche Absichten und Interessen sind erkennbar?
- Wo und wann spielen sich die Ereignisse ab?
- Welcher Zusammenhang von Grund und Folge ist erkennbar? D. h.: Wird das Nacheinander der Ereignisse in der richtigen Reihenfolge und mit den richtigen Begründungen zusammengefasst?

Worauf es bei einer Textbeschreibung ankommt

Die Inhaltsangabe, das hast du vorher gesehen, geht von mehreren W-Fragen aus. Die Textbeschreibung hingegen untersucht meist nur eine bestimmte Frage genauer. Sie berücksichtigt den Inhalt nur insofern, als er zur Lösung der Aufgabe, d.h. zur Beantwortung der Frage, notwendig ist. Diese Untersuchungsfrage darf man nicht aus den Augen verlieren. Eine Stichwortgliederung zu der Frage: *Wie ist der Text von J. Oseka gegliedert?* könnte so beginnen:

1. **Einleitung**
   Ausgangssituation
   Der Fehler eines alten Lehrers
2. **Hauptteil A**
   Maßnahmen der Lehrer, um den „Irrtum" zu vertuschen
   1. Fragen der Lehrer
   2. Meinungsaustausch in der Lehrerkonferenz
   3. Das Schlusswort des Schulleiters
   4. Der Beschluss wird ausgeführt
3. **Hauptteil B**
   1.
   2.
   3.
4. **Schlusskommentar des Erzählers**
   „Aber niemand ... zweifelte ... daran, ... denn ...

AUFGABE 3

Setze die Stichwortgliederung fort.

Wie kommt man von den Vorarbeiten zur Textbeschreibung?
Du nimmst die Stichwortgliederung als Arbeitsgrundlage: sie wird nur in vollständige Sätze umformuliert. Damit hast du den Hauptteil einer Textbeschreibung. Hier ein Schülerbeispiel:

Wie ist der Text von J. Oseka gegliedert?

Im Einleitungsabschnitt wird die Ausgangssituation erzählt: Ein alter Lehrer informiert die Schüler falsch und wird daraufhin pensioniert.
Der Hauptteil gliedert sich in zwei Erzählabschnitte. Im ersten werden die Maßnahmen der Lehrer dargestellt, die den Fehler des alten Kollegen korrigieren, man könnte auch sagen: vertuschen wollen. Zunächst fragen sie sich, wie diese Aufgabe zu lösen ist. Darauf folgt der Meinungsaustausch in der Lehrerkonferenz. Diese endet mit dem Beschluss des Schulleiters, die Kinder mögen „etappenweise die richtige Lösung kennen lernen". Schließlich wird der Beschluss im Unterricht umgesetzt.

Einleitung
Ausgangssituation: Der Fehler eines Lehrers

Hauptteil
Die Maßnahmen der Lehrer
1. Fragen der Lehrer
2. Meinungsaustausch in der Lehrerkonferenz
3. Das Schlusswort des Schulleiters
4. Der Beschluss wird ausgeführt

AUFGABE **4**

Setze die Textbeschreibung für den zweiten Teil des Textes fort.

Damit hast du den **Hauptteil** deiner ersten Textbeschreibung erledigt. Etwas fehlt noch zu einem vollständigen kleinen Aufsatz. Vielleicht ist es dir schon aufgefallen: die **Einleitung** und der **Schluss.** Das sind zwei schwierige Abschnitte, die man eigentlich erst schreiben kann, wenn man den Text gut kennt und die Untersuchungsfrage bereits beantwortet hat. Versuche es einmal selbst und mache es wie bei der Inhaltsangabe. Dort hat sich eine Einleitung bewährt, die einen kurzen Überblick über den gesamten Text gibt.

AUFGABE **5**

a) Schreibe eine Einleitung zur obigen Textbeschreibung. So könntest du anfangen: „Der Text von J. Oseka lässt sich in vier Teile gliedern: …"

b) Schreibe einen Schluss. Das kann deine eigene Meinung über den Text sein. Wenn dir noch nicht alles klar ist, kannst du am Schluss auch noch einige offene Fragen nennen, die dir der Text stellt.

AUFGABE

6 Unterstreiche in deiner eigenen Lösung zu Aufgabe 4 alle Wörter, die auf die Untersuchungsfrage, also auf die Gliederung des Textes hinweisen. Wie das geht, zeigt dir das Schülerbeispiel auf S. 13.

MERKE

Was du bei einer Textbeschreibung beachtest:

1. Sie geht von einer Untersuchungsfrage zum Text aus. Alle Arbeitsschritte und Beobachtungsergebnisse beziehen sich auf diese Kernfrage.

2. Im Rahmen der Aufgabe verweist die Textbeschreibung auch auf den konkreten Inhalt. Doch im Unterschied zur Inhaltsangabe wird er nur kurz und auszugsweise zusammengefasst.

3. Zur Beantwortung der Untersuchungsfrage braucht man oft ein Beschreibungsvokabular, bestimmte Wörter, die mit der Untersuchungsfrage zusammenhängen. Beim Thema „Gliederung" z. B. Begriffe wie „Abschnitt", „gliedern", „zusammensetzen", „unterteilen", „anfangs", „später", „drittens" usw.

4. Bei der Textbeschreibung lassen sich vier Hauptarbeitsschritte unterscheiden:
   - Textlektüre und Textmarkierungen im Blick auf die Untersuchungsfrage
   - Stichwortnotizen und erste Antworten auf die Untersuchungsfrage
   - Stichwortgliederung der eigenen Notizen
   - Reinschrift der Textbeschreibung in vollständigen Sätzen

5. Einleitung und Schluss dürfen nicht fehlen.
   - Die Einleitung der Textbeschreibung verweist auf das Thema, die Untersuchungsfrage („Der Text ist in zwei Hauptabschnitte gegliedert. Er wird von einer kurzen Einleitung und einem noch kürzeren Schluss umrahmt.").
   - Der Schlussabschnitt der Textbeschreibung fasst einen Gesamteindruck zur Ausgangsfrage zusammen. Möglich sind auch eigene Meinungen, Deutungsvorschläge und offene Fragen.

Warum beschreibt man Texte?

Man erschließt und beschreibt Texte, um ihrem Sinn, ihrer Aussage auf die Spur zu kommen. Dazu muss man oft auch zwischen den Zeilen lesen, sie über den reinen Inhalt hinaus untersuchen. In der Regel geht man mehreren Fragen nach, bevor man den Sinn eines Textes entschlüsseln kann.
In einem Unterrichtsgespräch gerieten die Schüler in Streit über die Aussage dieses Textes: Einige meinten, das sei „typisch Schule“. Andere fanden die Darstellung so übertrieben, dass sie etwas dahinter vermuteten. Beide Gruppen haben ihre Gedanken zum Text notiert:

1 Typisch Schule!

- Lehrer vertuschen ihre Fehler
- auch die der Kollegen
- wie in der Wirklichkeit

- Auch die Schülertypen kommen in der Wirklichkeit vor:
- faul, bequem, feige
- Streber und Schmeichler
- nur wenige Mutige

- Komisch sind nur das übertriebene Versteckspiel und das Beispiel: 2 x 2 = 9
- Ist so viel Dummheit in der Schule möglich?

2 Verschlüsselte Wahrheit?

- Vorgänge in einer Schule unmöglich
- Geschichte zu stark übertrieben

- „Lehrmethoden“ unwahrscheinlich
- 2 x 2 = 4 ist kein echter Streitfall
- „Wahrheit“ ist falsches Wort für die Richtigkeit einer Rechenaufgabe
- Problem eher: Wahrheit im Staat, in der Politik, im Zusammenleben von Regierung und Volk

- Warum verschlüsselt?
- Weil Autor Rache der Mächtigen fürchten muss?
- Hinweis auf frühere politische Verhältnisse in Polen, dem Heimatland des Autors?

AUFGABE 7

Schreibe entweder nach den Stichworten 1 oder 2 einen kleinen Aufsatz über den Sinn des Textes von J. Oseka.

2 Untersuchungsfragen der Textbeschreibung

Die Gliederung eines Textes beschreiben

Was du im Einführungskapitel gelernt hast, kannst du nun selbstständig ausprobieren. Im Folgenden werden unterschiedliche Fragestellungen der Textbeschreibung vorgestellt.

Die Begegnung am Tümpel

Ein beutelüsterner Wolf kam eines Tages an einen Bach, um dort zu trinken. Da sah er ein Lamm, das ein Stück unterhalb von ihm friedlich seinen Durst löschte. „Warum trübst du mir das Wasser?“, fragte er lauernd. – „Wie kann ich dir das Wasser trüben, da es doch von dir zu mir herabfließt?“, antwortete das Lamm. „Jedenfalls weiß ich“, sagte verärgert der Wolf, „dass du vor fünf Monaten übel von mir geredet hast.“ – „Wie sollte das möglich sein?“, erwiderte das Lamm. „Damals war ich noch gar nicht geboren.“ – „Dann ist es dein Vater gewesen“, schrie der Wolf zornig und sprang mit einem gewaltigen Satz zum Lamm hinüber; doch da plumpste er in einen trüben Tümpel am Ende des Baches. Das Lamm aber entsprang zum Hofe des Bauern und lachte den zornwütigen Wolf aus.

Aesop

MERKE

Ein Text kann auf verschiedene Weise gegliedert sein:

1. durch seinen Inhalt, die Reihenfolge der Ereignisse
2. durch die Erzähltechnik, z. B. die Ausführlichkeit oder Kürze, in der etwas erzählt wird:
   - manches wird kurz berichtend zusammengefasst: Raffung
   - anderes wird ausführlicher dargestellt, z. B. durch wörtliche Rede szenisch vergegenwärtigt: Dehnung

AUFGABE 1

Gliedere den Text nach Inhalt und Erzähltechnik, indem du folgende Tabelle in Stichworten ausfüllst:

Inhaltliche Abschnitte	Erzähltechnik
1. Wolf und Lamm begegnen sich am Bach.	Kurze Zusammenfassung des Ereignisses durch den Erzähler: Raffung
2.	
3.	

AUFGABE 2

Setze die folgende Textbeschreibung fort, nutze dazu deine Stichwortnotizen aus Aufgabe 1. Unterstreiche danach in deiner Lösung alle Wörter, die an das Thema (Gliederung) erinnern, so wie du es im Beispiel siehst.

Wie ist der Fabeltext gegliedert?

Diese Fabel vom Wolf und vom Lamm ist in drei Abschnitte gegliedert. Im Eingangsabschnitt treffen beide Tiere an einem Bach zusammen, wo sie trinken wollen.
Der zweite Abschnitt ist vom Zwiegespräch zwischen beiden Tieren bestimmt ...

AUFGABE 3

In den folgenden Schülerversuch haben sich einige Sätze eingeschlichen, die nicht zum Thema gehören. Streiche sie weg. Unterstreiche danach alle Wörter, die sich direkt auf das Thema (Gliederung) beziehen.

Wie ist die Fabel von Wolf und Lamm gegliedert?

Ich weiß nicht, wer diese Fabel geschrieben hat. Sie spielt an einem Bach und dann an einem Tümpel, in den der Wolf hineinplumpst. Da wird er ganz schön schmutzig geworden sein! Zwei ganz typische Fabeltiere, Wolf und Lamm, kommen darin vor. Wenn man genau hinschaut, ist der Text in drei Teile gegliedert. Am Anfang, also im ersten Abschnitt, treffen Wolf und Lamm an einem Bach zusammen, um zu trinken. Im zweiten Erzählabschnitt streiten sie sich. Der Wolf ist ein gehässiges, angriffslustiges und rechthaberisches Tier. Das Lamm dagegen ist friedlich und sanftmütig. Der Wolf macht dem Lamm allerlei Vorwürfe, die es aber alle entkräften kann.
Schon beim dritten Vorwurf beginnt der Schlussabschnitt, denn der Wolf wartet keine Antwort mehr ab, sondern handelt böse.
Mit seinem Sturz ins Wasser endet die Fabel.

AUFGABE **4**

a) Setze diese Textbeschreibung fort. So könntest du beginnen: „Doch diese Fabel ist nicht nur durch ihren inhaltlichen Ablauf gegliedert, sondern auch durch die Erzählweise …"

b) Schreibe einen Schluss für die Textbeschreibung. So könntest du anfangen: „Die Fabel ist sehr übersichtlich gegliedert. Dadurch behält man sie besser in Erinnerung und kann sie leichter weitererzählen …"

Den inneren Aufbau eines Textes erkennen

Der Begriff **Handlung** bezeichnet Vorgänge oder Ereignisse, die in der Regel von Menschen ausgelöst oder vorangetrieben werden. In einem Theaterstück beobachtet man die Personen auf der Bühne: man hört sie reden und sieht sie handeln. In einem Erzähltext berichtet ein Autor oder Erzähler meist, was die Personen tun oder sagen. Er kann sie aber auch selbst (in wörtlicher Rede) zu Wort kommen lassen. Das Streitgespräch zwischen Wolf und Lamm ist ein Beispiel dafür. Durch solche Dialoge kann eine Situation anschaulicher, gegenwärtiger, lebendiger wirken.
Ein **Handlungsablauf** kann unterschiedlich gegliedert und aufgebaut sein. Ein Text ist zunächst gegliedert, wenn man verschiedene inhaltliche Abschnitte erkennen kann, die gleichsam wie Bausteine aneinander gefügt sind:

Skizze A: Handlungsbausteine

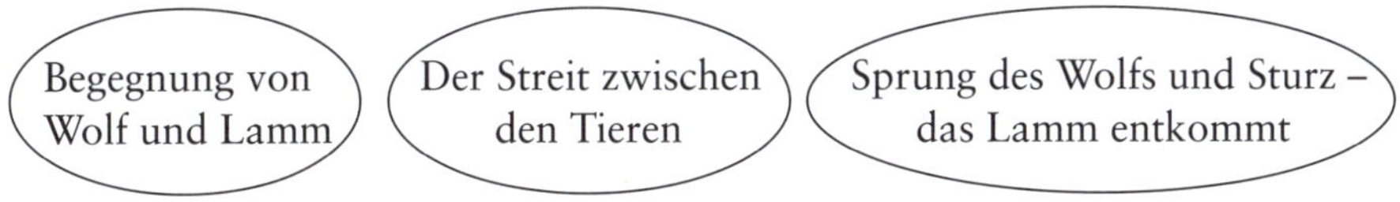

Vom **inneren Aufbau** spricht man eher, wenn die Handlungslinien deutlich bis zu einem Höhepunkt (oder Wendepunkt) hin ansteigen und danach abfallen. Der Streit zwischen Wolf und Lamm entsteht und steigert sich dann bis zum Höhepunkt, als der Wolf losspringt, um das Lamm zu töten.
Wird der Wolf sein Ziel erreichen, oder entkommt ihm am Ende das Lamm? Die zu- oder abnehmende Gefahr, in der eine Figur im Text schwebt, könnte man mit einer Spannungskurve kennzeichnen.

Skizze B: Spannungskurve/Handlungskurve

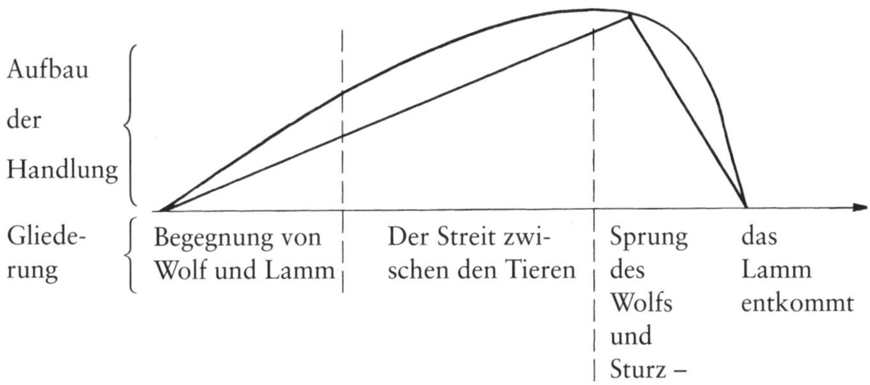

Aber wie kannst du nachprüfen, ob solch eine Handlungs- oder Spannungskurve überhaupt stimmt? Woran kann man die Vorgänge in einem Text am besten ablesen? Im Fall unserer Fabel an den Verben, denn sie sagen oft am deutlichsten, was die handelnden Personen tun. Sie informieren über das, was geschah, geschieht oder geschehen soll.

AUFGABE 5

Unterstreiche in der Fabel alle Verben (Tätigkeitswörter) und Adverbien (Umstandswörter), mit denen der Erzähler das Verhalten des Wolfes beschreibt (nicht die Verben in der wörtlichen Rede). Notiere sie nach folgendem Schema:

Handlungsabschnitt	Das Verhalten des Wolfs	Bemerkungen zum Verhalten
Begegnung am Bach	1. kam, ... um zu trinken	Wolf kommt und beobachtet
	2. sah ... ein Lamm	
Das Streitgespräch	3. fragte lauernd	wird mit Worten aktiv
	4.	
	5.	
Höhepunkt und Schluss	6.	
	7.	

AUFGABE

6

a) Übertrage die Verben in eine Skizze vom Typ B. Je aktiver der Wolf wird, um so höher sollte das Verb in der Skizze angeordnet werden.

b) Beschreibe die Skizze A (s. S. 19). Was ist der wesentliche Unterschied zu der Skizze B (s. S. 19)?

c) Was sagen die Verben, die das Verhalten des Wolfs beschreiben, über den Aufbau der Fabel aus? Verfasse einen kurzen Text. So könntest du beginnen:

> Auch an den Verben, mit denen der Erzähler das Verhalten des Wolfs beschreibt, kann man den Aufbau der Fabel erkennen, deren Handlung auf einen Höhepunkt zuläuft.
> In der Eingangssituation wirkt der Wolf noch zurückhaltend. Er „kam“ und „sah“ das Lamm. Doch bald ...

Neben der Steigerung auf einen Höhepunkt zu gibt es in der Fabel von Wolf und Lamm noch eine andere Art des inneren Aufbaus. Es ist der Gegensatz von Spiel und Gegenspiel, der durch die unterschiedlichen Interessen und Verhaltensweisen der Tiere entsteht. Der Wolf will das Lamm fressen, das Lamm will überleben.

Die folgenden Gesichtspunkte können dir helfen, Gliederung und Aufbau verschiedener Texte zu untersuchen und zu beschreiben:

MERKE

Hinweise zu Gliederung und Aufbau eines Textes:

1. Absätze im Druckbild
2. Inhalt: Ablauf der Ereignisse
3. Erzählschritte und Erzähltechniken, z. B.:
   - Gliederung (Einleitung, Hauptteil, Schluss)
   - steigende, fallende Handlung, Höhe- und Wendepunkt
   - Erzähltechniken, z. B. Raffung, Dehnung
4. Spannungskurve (aus der Sicht des Lesers):
   - Eingangssituation weckt Interesse
   - Fortgang der Handlung steigert Spannung: Wer gewinnt?
   - Schluss löst Spannung
5. Personengruppierung
   - unterschiedliche Verhaltensweisen
   - Interessenkonflikte

Die Handlungsträger

Die Handlungsträger in einem Text sind meist Personen, hier in der Fabel sind Tiere die handlungstragenden Figuren.

Mögliche Fragen zur Figurengestaltung sind:

1. Wie sehen die Figuren (Personen oder Tiere) aus, welche Eigenschaften haben sie im Text?
2. Was sagen die Figuren und wie reden sie miteinander?
3. Was tun die Figuren, wie handeln sie?

Du wirst dich vielleicht über diese Fragen wundern, denn schon auf die erste Frage gibt unser Text streng genommen keine Antwort. Es wird nichts über das Aussehen der Tiere gesagt. Aber natürlich weiß jedes Kind etwa, wie Wolf und Lamm aussehen und was sie für Tiere sind. Manchmal muss man also auf die eigenen Erfahrungen und Kenntnisse zurückgreifen.

Wie werden die Fabeltiere dargestellt?

Beschreibungsmerkmale	**Wolf**	**Lamm**
1. Aussehen	groß, stark Raubtier Fleischfresser	klein, schwach Nutztier Pflanzenfresser
2. Eigenschaften	„beutelüstern“	„friedlich“
3. Verhalten	(1) kam, (2) sah, (3) sagte verärgert usw.	antwortete

AUFGABE 7

Fasse die Beobachtungen aus der Tabelle oben in einer Textbeschreibung zusammen. Thema: Wie werden die beiden Fabeltiere im Text dargestellt?

Mit deinen Beobachtungen zu den Verben in der Fabel hast du bereits einen Blick auf die Sprache des Erzählers geworfen.
Welchen Eindruck gewinnt man von beiden Fabeltieren, wenn man ihre eigenen Worte unter die Lupe nimmt? Bei der Beantwortung dieser Frage hilft dir folgende Grafik:

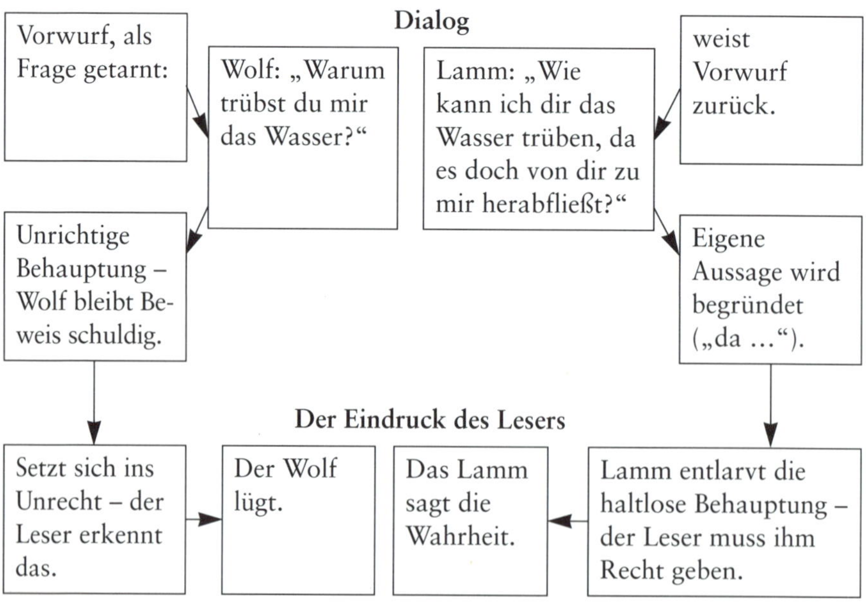

AUFGABE 8

a) Setze die Grafik in eine Stichwortgliederung zum gleichen Thema um. So könntest du beginnen:

Einleitung: Unterschiedliche Tiere
- Wolf eher gefährlich („beutelüstern")
- Lamm eher friedlich

Hauptteil: Wie sprechen und argumentieren Wolf und Lamm im Dialog?
1. Wolf – Frage (nur scheinbar)
   – in Wirklichkeit Vorwurf
   – falsche Aussage
   usw.

b) Verfasse eine Textbeschreibung zum gleichen Thema. Vergiss Einleitung und Schluss zu deinem Aufsatz nicht.

3 Das Zusammenspiel wichtiger Bauelemente

Grundbegriffe und Ausgangsfragen

Zunächst eine Begriffserklärung: Was sind **Bauelemente eines Textes?** Du musst wissen, dass **Text** ursprünglich „Gewebe" oder „Gefüge" bedeutete, also etwas, das aus Teilen gewoben, zusammengefügt wurde.
Bauelemente wie Erzählrahmen und Binnenerzählung, Schauplätze, Erzählperspektive u. a. sind größere Einheiten eines Textes. Zu den wichtigsten gehören aber **Gliederung** und **Aufbau**, die gleichsam das innere Gerüst des Inhalts bilden. Sie sind die tragenden Teile, die das Zusammenspiel aller Bauelemente ermöglichen.

Für die Textbeschreibung musst du wissen, wie die verschiedenen Bauelemente zusammenwirken. Das Arbeitsverfahren bleibt ähnlich wie bisher. Doch während du bisher an einem Text mehreren Fragen nachgegangen bist und dich intensiv damit beschäftigt hast, kommst du nun zügiger voran. Jetzt arbeitest du mit verschiedenen Texten.

An diesen Textbeispielen lernst du unterschiedliche Formen des Erzähl- oder Handlungsaufbaus kennen, z. B. die Personengruppierung, die Zeitgestaltung oder die Steigerung eines Konfliktes. Deine handwerklichen Hilfen sind wie bisher:

- Untersuchungsfragen
- Textlektüre und Textmarkierung
- Beobachtungsnotizen
- Aufbauskizzen (soweit möglich)
- Stichwortgliederungen

Die Hauptuntersuchungsfragen werden lauten:

- Was geschieht inhaltlich?
- Wie ist der Inhalt gegliedert, der Text aufgebaut?
- Welche Bauelemente fallen dabei besonders auf?
- Sagt die Verbindung verschiedener Bauelemente etwas über Sinn und Absicht des Textes aus?

Der Handlungsaufbau einer Rahmenerzählung

Was ist eine Rahmenerzählung? Stelle dir folgende Situation vor: Ein Mann erzählt oder schreibt eine Geschichte, in der ein älterer Mann vorkommt, der dem Erzähler wiederum eine Geschichte erzählt.

- Die Geschichte des jüngeren Mannes ist der **Erzählrahmen**. Er liegt der Gegenwart des Lesers (Zuhörers) näher.
- Die Geschichte des älteren Mannes liegt weiter zurück und ist in den Erzählrahmen eingebettet, sie heißt **Binnenerzählung**.
- Der Erzählrahmen umschließt die Binnenerzählung: beide zusammen bezeichnen wir als Rahmenerzählung.

Manchmal springt der Erzähler der Rahmenerzählung auch zwischen den Ebenen hin und her. Dadurch wird der Leser öfter an die Rahmensituation erinnert. Man muss gut aufpassen, welcher der Erzähler gerade spricht. Deshalb untersucht man bei Rahmenerzählungen zuerst den Aufbau, um den nötigen Durchblick zu bekommen.

Das Märchen vom Glück

E Siebzig war er gut und gern, der alte Mann, der mir in der verräucherten Kneipe gegenübersaß. Sein Schopf sah aus, als habe es darauf geschneit, und die Augen blitzten wie eine blankgefegte Eisbahn. „Oh, sind die Menschen dumm“, sagte er und schüttelte den Kopf, dass ich dachte, gleich müssten Schneeflocken aus seinem Haar aufwirbeln. „Das Glück ist ja schließlich keine Dauerwurst, von der man sich täglich seine Scheibe herunterschneiden kann!“ „Stimmt“, meinte ich, „das Glück hat ganz und gar nichts Geräuchertes an sich. Obwohl ...“ Obwohl?“ „Obwohl gerade Sie aussehen, als hinge bei Ihnen zu Hause der Schinken des Glücks im Rauchfang.“

„Ich bin eine Ausnahme“, sagte er und trank einen Schluck. „Ich bin die Ausnahme. Ich bin namlich der Mann, der einen Wunsch frei hat.“

Er blickte mir prüfend ins Gesicht, und dann erzählte er seine Geschichte.

H 1 „Das ist lange her“, begann er und stützte den Kopf in beide Hände, „sehr lange. Vierzig Jahre. Ich war noch jung und litt am Leben wie an einer geschwollenen Backe. Da setzte sich, als ich eines Mittags verbittert auf einer grünen Parkbank hockte, ein alter Mann neben mich und sagte beiläufig: ‚Also gut. Wir haben es uns überlegt. Du hast drei Wünsche frei.‘

Ich starrte in meine Zeitung und tat, als hätte ich nichts gehört. ‚Wünsch dir, was du willst', fuhr er fort, ‚die schönste Frau oder das meiste Geld oder den größten Schnurrbart – das ist deine Sache. Aber werde endlich glücklich! Deine Unzufriedenheit geht uns auf die Nerven.' Er sah aus wie der Weihnachtsmann in Zivil. Weißer Vollbart, rote Apfelbäckchen, Augenbrauen wie aus Christbaumwolle. Gar nichts Verrücktes. Vielleicht ein bisschen zu gutmütig. Nachdem ich ihn eingehend betrachtet hatte, starrte ich wieder in meine Zeitung.

‚Obwohl es uns nichts angeht, was du mit deinen drei Wünschen machst', sagte er, wäre es natürlich kein Fehler, wenn du dir die Angelegenheit vorher genau überlegtest. Denn drei Wünsche sind nicht vier Wünsche oder fünf, sondern drei. Und wenn du hinterher noch immer neidisch und unglücklich wärst, könnten wir dir und uns nicht mehr helfen.'

Ich weiß nicht, ob Sie sich in meine Lage versetzen können. Ich saß auf einer Bank und haderte mit Gott und der Welt. In der Ferne klingelten die Straßenbahnen. Die Wachtparade zog irgendwo mit Pauken und Trompeten zum Schloss. Und neben mir saß nun dieser alte Quatschkopf!"

H 2 „Sie wurden wütend?"

„Ich wurde wütend. Mir war zumute wie einem Kessel kurz vorm Zerplatzen. Und als er sein weißwattiertes Großvatermündchen von neuem aufmachen wollte, stieß ich zornzitternd hervor:

‚Damit Sie alter Esel mich nicht länger duzen, nehme ich mir die Freiheit, meinen ersten und innigsten Wunsch auszusprechen – scheren Sie sich zum Teufel!'

Das war nicht fein und höflich, aber ich konnte einfach nicht anders.

H 3 Es hätte mich sonst zerrissen."

„Und?"

„Was, ‚Und'?"

„War er weg?"

„Ach so! – Natürlich war er weg! Wie fortgeweht. In der gleichen Sekunde. In nichts aufgelöst. Ich guckte sogar unter die Bank. Aber dort war er auch nicht. Mir wurde ganz übel vor lauter Schreck. Die Sache mit den Wünschen schien zu stimmen! Und der erste Wunsch hatte sich bereits erfüllt! Du meine Güte! Und wenn er sich erfüllt hatte, dann war der gute, liebe, brave Großpapa, wer er nun auch sein mochte, nicht nur weg, nicht nur von meiner Bank verschwunden, nein, dann war er beim Teufel! Dann war er in der Hölle! ‚Sei nicht albern', sagte ich zu mir selber. ‚Die Hölle gibt es ja gar nicht und den Teufel auch nicht.' Aber die drei Wünsche, gab's denn die? Und trotzdem war der alte Mann, kaum hatte ich's gewünscht, verschwunden …

Mir wurde heiß und kalt. Mir schlotterten die Knie. Was sollte ich machen? Der alte Mann musste wieder her; ob's nun eine Hölle gab oder nicht. Das war ich ihm schuldig. Ich musste meinen zweiten Wunsch dransetzen, den zweiten von dreien, o ich Ochse! Oder sollte ich ihn lassen, wo er war? Mit seinen hübschen, roten Apfelbäckchen? ‚Bratapfelbäckchen', dachte ich schaudernd. Mir blieb keine Wahl. Ich schloß die Augen und flüsterte ängstlich: ‚Ich wünsche mir, dass der alte Mann wieder neben mir sitzt!' Wissen Sie, ich habe mir jahrelang, bis in den Traum hinein, die bittersten Vorwürfe gemacht, dass ich den zweiten Wunsch auf diese Weise verschleudert habe, doch ich sah damals keinen Ausweg. Es gab ja auch keinen …"

H 4

„Und?"

„Was ‚Und'?"

„War er wieder da?"

„Ach so! – Natürlich war er wieder da! In der nämlichen Sekunde. Er saß wieder neben mir, als wäre er nie fortgewünscht gewesen. Das heißt, man sah's ihm schon an, dass er …, dass er irgendwo gewesen war, wo es verteufelt, ich meine, wo es sehr heiß sein musste. O ja. Die buschigen weißen Augenbrauen waren ein bisschen verbrannt. Und der schöne Vollbart hatte auch etwas gelitten. Besonders an den Rändern. Außerdem roch's wie nach versengter Gans. Er blickte mich vorwurfsvoll an. Dann zog er ein Bartbürstchen aus der Brusttasche, putzte sich Bart und Brauen und sagte gekränkt: ‚Hören Sie, junger Mann – fein war das nicht von Ihnen!' Ich stotterte eine Entschuldigung. Wie leid es mir täte. Ich hätte doch nicht an die drei Wünsche geglaubt. Und außerdem hätte ich immerhin versucht, den Schaden wieder gutzumachen. ‚Das ist richtig', meinte er. ‚Es wurde aber auch die höchste Zeit.' Dann lächelte er. Er lächelte so freundlich, dass mir fast die Tränen kamen. ‚Nun haben Sie nur noch einen Wunsch frei', sagte er, den dritten. Mit ihm gehen Sie hoffentlich ein bisschen vorsichtiger um. Versprechen Sie mir das?' Ich nickte und schluckte. ‚Ja', antwortete ich dann, ‚aber nur, wenn Sie mich wieder duzen.' Da musste er lachen. ‚Gut, mein Junge', sagte er und gab mir die Hand. ‚Leb wohl. Sei nicht allzu unglücklich. Und gib auf deinen letzten Wunsch acht.' – ‚Ich versprechen es Ihnen', erwiderte ich feierlich. Doch er war schon weg. Wie fortgeblasen."

S

„Und?"

„Was ‚Und'?"

„Seitdem sind Sie glücklich?"

„Ach so. – Glücklich?" Mein Nachbar stand auf, nahm Hut und Mantel vom Garderobenhaken, sah mich mit seinen blitzblanken Augen an und sagte:

„Den letzten Wunsch hab ich vierzig Jahre lang nicht angerührt. Manchmal war ich nahe dran. Aber nein. Wünsche sind nur gut, solange man sie noch vor sich hat. Leben Sie wohl.“
Ich sah vom Fenster aus, wie er über die Straße ging. Die Schneeflocken umtanzten ihn. Und er hatte ganz vergessen, mir zu sagen, ob wenigstens er glücklich sei. Oder hatte er mir absichtlich nicht geantwortet? Das ist natürlich auch möglich.

Erich Kästner

AUFGABE 1

a) Notiere am Rande des Textes, wer gerade spricht und wo:
A (jüngerer Erzähler)
B (älterer Erzähler)
C (alter Mann)

b) Wir haben den Text schon für dich in Einleitung (E), Hauptteil (H, 4 Abschnitte) und Schluss (S) gegliedert.
Notiere kurz den Inhalt jedes der sechs Erzählabschnitte. So kannst du anfangen:

E: Rahmensituation: Kneipe (Erzählrahmen)
- Jüngerer Erzähler (A) beschreibt Gesprächspartner (B)
- Erzähler (B) ist ein älterer Mann „mit blitzblanken Augen“
- ihr Gesprächsthema ist das Thema „Glück“

H: Die Geschichte von den drei Wünschen (Binnenerzählung)
1. Dem unglücklichen, damals noch jungen Mann (B) werden drei Wünsche angeboten, als er vor vierzig Jahren betrübt auf einer Parkbank sitzt. Der freundliche „Spender“ ist ein alter Herr (C) ...

AUFGABE 2

Fasse deine Beobachtungen zu Gliederung und Aufbau des Textes in einer Textbeschreibung zusammen.

So könntest du deine Textbeschreibung beginnen:

Wie werden Erzählrahmen und Binnenerzählung im „Märchen vom Glück“ miteinander verbunden?

Erich Kästners „Märchen vom Glück“ ist eine **Rahmenerzählung.** Sie besteht aus einem **Erzählrahmen** und einer **Binnenerzählung. Schauplatz des Erzählrahmens** ist eine Kneipe, in der ein jüngerer (A) und ein älterer Mann (B) miteinander ins Gespräch kommen. Der Jüngere meint, der Ältere sähe sehr glücklich aus. Darauf erzählt der Ältere eine Geschichte vom Glück …

Schluss (Vorschlag): Wie wirken die Zwischenfragen des Erzählers (A) auf den Leser?

Damit du die hier erarbeiteten Merkmale und Untersuchungsschritte auch auf andere Rahmenerzählungen anwenden kannst, werden sie abschließend kurz zusammengefasst:

MERKE

Handlungsaufbau einer Rahmenerzählung

Zwei verschiedene (oder mehrere) Erzähler treten in Aktion, z. B.
- im Erzählrahmen ein jüngerer Mann (A),
- in der Binnenerzählung ein älterer Mann (B).

Die gesamte Erzählung ist meist dreifach gegliedert, z. B.:
- die Rahmenerzählung bildet Einleitung und Schluss
- die Binnenerzählung bildet den Hauptteil des Inhalts.

Rahmen- und Binnenerzählung können auch zwischendurch kurz miteinander verbunden werden.

Die Zeitebenen wechseln:
- im Erzählrahmen herrscht die Erzählergegenwart vor,
- die Binnenerzählung berichtet von zurückliegenden Ereignissen (z. B. „vor vierzig Jahren“).

Die Schauplätze von Erzählrahmen und Binnenerzählung können ebenfalls wechseln.

Du hast jetzt mehrere Textbeschreibungen versucht und Lösungsbeispiele kennen gelernt. Deine Ergebnisse waren brauchbar, wenn sie den Kernaussagen der Lösungsvorschläge nahe waren. Damit dir die Machart solcher Textbeschreibungen noch deutlicher wird, folgt hier eine Zusammenfassung wesentlicher Arbeitshilfen:

MERKE

Ratschläge für die Textbeschreibung

1. Behalte stets die Untersuchungsfrage im Auge und gehe in jedem Abschnitt deutlich darauf ein.
2. Benutze das angemessene Beschreibungsvokabular (z. B. „Schauplatz“, „Textgliederung“, „Erzählrahmen“, „Binnenerzählung“ usw.).
3. Konkretisiere deine Beobachtungen zum Text (und zur Ausgangsfrage) durch Hinweise auf den Inhalt des Textes.
4. Belege deine Beobachtungen durch Textzitate, die eine Antwort auf die Untersuchungsfrage geben können. Zitiere die ausgewählten Textstellen wörtlich und in Anführungszeichen.

Personengruppierung und Handlungsaufbau

Im folgenden Text von Gerhard Zwerenz lassen sich Gliederung und Aufbau am Verhalten der Personen im Verlauf der Handlung gut beschreiben.

Nicht alles gefallen lassen

Wir wohnten im dritten Stock mitten in der Stadt und haben uns nie etwas zuschulden kommen lassen, auch mit Dörfelts von gegenüber verband uns eine jahrelange Freundschaft, bis die Frau sich kurz vor dem Fest unsre Bratpfanne auslieh und nicht zurückbrachte.
Als meine Mutter dreimal vergeblich gemahnt hatte, riss ihr eines Tages die Geduld, und sie sagte auf der Treppe zu Frau Muschg, die im vierten Stock wohnt, Frau Dörfelt sei eine Schlampe.
Irgendwer muss das den Dörfelts hinterbracht haben, denn am nächsten Tag überfielen Klaus und Achim unsern Jüngsten, den Hans, und prügelten ihn windelweich.

Ich stand grad im Hausflur, als Hans ankam und heulte. In diesem Moment trat Frau Dörfelt drüben aus der Haustür, ich lief über die Straße, packte ihre Einkaufstasche und stülpte sie ihr über den Kopf. Sie schrie aufgeregt um Hilfe, als sei sonstwas los, dabei drückten sie nur die Glasscherben etwas auf dem Kopf, weil sie ein paar Milchflaschen in der Tasche gehabt hatte.

Vielleicht wäre die Sache noch gut ausgegangen, aber es war just um die Mittagszeit, und da kam Herr Dörfelt mit dem Wagen angefahren. Ich zog mich sofort zurück, doch Elli, meine Schwester, die mittags zum Essen heimkommt, fiel Herrn Dörfelt in die Hände. Er schlug ihr ins Gesicht und zerriss dabei ihren Rock. Das Geschrei lockte unsre Mutter ans Fenster, und als sie sah, wie Herr Dörfelt mit Elli umging, warf unsre Mutter mit Blumentöpfen nach ihm. Von Stund an herrschte erbitterte Feindschaft zwischen den Familien.

Weil wir nun Dörfelts nicht über den Weg trauten, installierte Herbert, mein ältester Bruder, der bei einem Optiker in die Lehre geht, ein Scherenfernrohr am Küchenfenster.

Da konnte unsre Mutter, waren wir alle unterwegs, die Dörfelts beobachten.

Augenscheinlich verfügten diese über ein ähnliches Instrument, denn eines Tages schossen sie von drüben mit einem Luftgewehr herüber. Ich erledigte das feindliche Fernrohr dafür mit einer Kleinkaliberbüchse, an diesem Abend ging unser Volkswagen unten im Hof in die Luft.

Unser Vater, der als Oberkellner im hochrenommierten Café Imperial arbeitete, nicht schlecht verdiente und immer für den Ausgleich eintrat, meinte, wir sollten uns jetzt an die Polizei wenden.

Aber unserer Mutter passte das nicht, denn Frau Dörfelt verbreitete in der ganzen Straße, wir, das heißt, unsre gesamte Familie, seien derart schmutzig, dass wir mindestens zweimal jede Woche badeten und für das hohe Wassergeld, das die Mieter zu gleichen Teilen zahlen müssen, verantwortlich wären.

Wir beschlossen also, den Kampf aus eigner Kraft in aller Härte aufzunehmen, auch konnten wir nicht mehr zurück, verfolgte doch die gesamte Nachbarschaft gebannt den Fortgang des Streites.

Am nächsten Morgen schon wurde die Straße durch ein mörderisches Geschrei geweckt.

Wir lachten uns halbtot, Herr Dörfelt, der früh als erster das Haus verließ, war in eine tiefe Grube gefallen, die sich vor der Haustüre erstreckte.

Er zappelte ganz schön in dem Stacheldraht, den wir gezogen hatten, nur mit dem linken Bein zappelte er nicht, das hielt er fein still, das hatte er sich gebrochen.

Bei alledem konnte der Mann noch von Glück sagen – denn für den Fall, dass der die Grube bemerkt und umgangen hätte, war der Zünder einer Plastikbombe mit dem Anlasser seines Wagens verbunden. Damit ging kurze Zeit später Klunker Paul, ein Untermieter von Dörfelts hoch, der den Arzt holen wollte.

Es ist bekannt, dass die Dörfelts leicht übel nehmen. So gegen zehn Uhr begannen sie unsre Hausfront mit einem Flakgeschütz zu bestreichen. Sie mussten sich erst einschießen, und die Einschläge befanden sich nicht alle in der Nähe unserer Fenster.

Das konnte uns nur recht sein, denn jetzt fühlten sich auch die anderen Hausbewohner geärgert, und Herr Lehmann, der Hausbesitzer, begann um den Putz zu fürchten. Eine Weile sah er sich die Sache noch an, als aber zwei Granaten in seiner guten Stube krepierten, wurde er nervös und übergab uns den Schlüssel zum Boden.

Wir robbten sofort hinauf und rissen die Tarnung von der Atomkanone.

Es lief alles wie am Schnürchen, wir hatten den Einsatz oft genug geübt, die werden sich jetzt ganz schön wundern, triumphierte unsre Mutter und kniff als Richtkanonier das rechte Auge fachmännisch zusammen. Als wir das Rohr genau auf Dörfelts Küche eingestellt hatten, sah ich drüben gegenüber im Bodenfenster ein gleiches Rohr blinzeln, das hatte freilich keine Chance mehr, Elli unsre Schwester, die den Verlust ihres Rockes nicht verschmerzen konnte, hatte zornroten Gesichts das Kommando „Feuer!“ erteilt.

Mit einem unvergesslichen Fauchen verließ die Atomgranate das Rohr, zugleich fauchte es auch auf der Gegenseite. Die beiden Geschosse trafen sich genau in der Straßenmitte. Natürlich sind wir nun alle tot, die Straße ist hin und wo unsre Stadt früher stand, breitet sich jetzt ein graubrauner Fleck aus.

Aber eins muss man sagen, wir haben das Unsre getan, schließlich kann man sich nicht alles gefallen lassen.

Die Nachbarn tanzen einem sonst auf der Nase herum.

Gerhard Zwerenz

AUFGABE 3

a) Wer ist am Streit beteiligt, und wer gehört zu den Außenstehenden?

b) Notiere (in Stichworten) die wesentlichen Schritte der Handlung und ordne deine Beobachtungen nach folgendem Schema:

Verhalten der Nachbarfamilien	„Hilfsmittel" (Requisiten)	Folgen des Streits
1. jahrelange Freundschaft	ausgeliehene Bratpfanne	Verärgerung über versäumte Rückgabe
2. Rückforderung, Beschimpfung	böse Worte	Zorn der Frau Dörfelt
3. Dörfelts Söhne verprügeln Hans, den Jüngsten	Tätlichkeiten (Hände)	Schmerzen („windelweich"), neue Herausforderung
4. Ich-Erzähler stülpt Frau Dörfelt Einkaufsaufstasche über den Kopf	Tasche, Flasche, Scherben	Kopfverletzung
5.		
6.		

MERKE

Möglichkeiten des Handlungsaufbaus

- Der Handlungsablauf wird durch Gegensätze, dargestellt durch Personengruppierungen, bestimmt. Beide Familien handeln im Streit, ihr Interessenkonflikt bestimmt den Aufbau von Handlung und Gegenhandlung.
- Ein weiteres Bauprinzip der Handlung ist die Parallelität. Beide Familien verhalten sich ähnlich aggressiv. Keiner gibt nach.
- Der Text ist vor allem nach dem Prinzip der Steigerung aufgebaut. Jeder will den anderen an Feindseligkeit und Gehässigkeit überbieten – bis zum Höhepunkt.
- Die Steigerung ist im Verhalten der Personen und in der Verwendung von „Requisiten" sichtbar. Es beginnt mit einer Bratpfanne und endet bei Atomwaffen.

In der Aufgabe 3b hast du Beobachtungen zusammengetragen, die verdeutlichen, wie durch das Verhalten der Handlungsträger eine Steigerung der Handlung erfolgt.

AUFGABE 4

Ordne der folgenden Grobgliederung in Stichworten die entsprechenden Textbeobachtungen zu.

1. Personenverhalten im Konflikt
2. Handlungsaufbau durch Steigerung der Feindseligkeiten
3. Der Konflikt wird durch immer gefährlichere „Requisiten“ gesteigert
4. Paralleles Verhalten als weiteres Bauprinzip des Textes

AUFGABE 5

Verfasse eine Textbeschreibung zum Thema: Welche Bedeutung haben Personenverhalten und „Requisiten“ für den Handlungsverlauf in dem Text von G. Zwerenz? Hier ein Vorschlag für die Einleitung:

Der Text handelt von der plötzlichen Feindschaft zweier Familien, die früher miteinander befreundet waren. Die Familie Dörfelt hatte eine ausgeliehene Bratpfanne nicht mehr zurückgegeben. Daraus entwickelt sich ein Streit, der mit der Vernichtung einer Stadt endet.
Aufgebaut ist dieser Text einerseits durch die Personengruppierung der verfeindeten Familien, zugleich aber durch die Steigerung der Ereignisse im Handlungsverlauf, die sich auch in der Benutzung immer gefährlicherer „Requisiten“ zeigt. Auch das jeweils parallele Verhalten beider Familien gehört zu den Bauprinzipien dieser seltsamen Geschichte…

Zeitgestaltung und Handlungsaufbau

Hans im Glück

Es war einmal so ein glücklicher Hansl, der freute sich den ganzen Tag und über alles. Was ihm auch geschah. Schon bald, nachdem er geboren wurde, fiel er aus dem Bett. Aber er freute sich und dachte: „Das Bett hätte höher sein können, dann wäre ich tiefer gefallen und hätte mir den Hals gebrochen." Als er größer war, konnte es geschehen, dass ihm jemand einen Stein an den Kopf warf. Dann war er froh, dass der Stein nicht größer war. Immer war der Hansl lustig, pfiff ein Lied, freute sich, dass die Sonne schien, aber auch, weil es regnete, und auch, wenn es schneite. Als er alt genug war, von zu Haus wegzugehen und sich eine Arbeit zu suchen, war er kaum aus der Tür heraus, da überfuhr ihn ein Motorrad: Bein gebrochen, Hose zerrissen, Krankenhaus. Da freute sich der Hansl und sagte: „Wie gut, dass meine Sonntagshose im Koffer war, sonst wäre sie auch zerrissen worden. Aber meine alte Hose war sowieso schon alt."

Das Bein heilte. Er ging wieder los und fand einen Meister, bei dem er sieben Jahre arbeitete. Einmal geschah es, dass er bei großer Kälte Bäume im Wald fällen musste. In der Frühstückspause schlief er ein und erfror beinahe. Der Förster fand ihn, und der Hansl war schon halb tot. Aber wie freute sich der Hans. Er sagte: „Wie gut, dass Sie mich geweckt haben, ich hätte ja erfrieren können bei dieser Kälte."

Als die sieben Jahre um waren, sagte der Meister: „Wie die Arbeit, so der Lohn. Ich war immer **ganz** mit dir zufrieden, also gebe ich dir eine **Gans.**" Gab ihm für sieben Jahre also eine Gans. Wie freute sich da der Hans und dachte: „Eine Gans ist ja wunderbar! Die tausche ich gegen ein kleines Schwein und lasse es wachsen. Das tausche ich gegen ein Kalb und lasse es wachsen. Die Kuh tausche ich gegen ein kleines Pferd, und das lasse ich wachsen. Das Pferd wird ein Rennpferd, und ich tausche es gegen einen Klumpen Gold, und ich bin reich. Oder ich esse die Gans auf, denn Gänsebraten ist meine Leibspeise. Obendrein lasse ich mir die Hosentasche mit Gänsefedern füttern, das wärmt im Winter. Da kann ich mich wirklich freuen."

Er machte sich auf den Weg nach Hause zu seiner Mutter.

Unterwegs hörte er die Vögel pfeifen, die Sonne schien, da setzte er sich unter einen Baum, und die Gans lief ihm weg. Er lief ihr ein kleines Stück nach, ging dann wieder zurück an seinen Baum und dachte: Was ist schon eine Gans? Wär's ein Pferd gewesen! Freuen kann ich mich, dass es kein Pferd war, sonst hätte ich mich geärgert.“ Er freute sich und schlief noch ein Stündchen, dann ging er weiter.

Zu Hause war es schön, und seiner Mutter ging es gut. Da freute sich der Hansl, setzte sich in den Garten, ruhte sich aus, aber nach drei Tagen kam Krieg, und er musste zu den Soldaten. „Wie gut, Mutter“, sagte er, „dass der Krieg nicht schon vor drei Tagen anfing. Da hätte ich gar nicht so lange dableiben können.“ Und dann schossen sie ihm im Krieg ein Bein weg. Aber eines blieb ihm noch. Zwei Beine weg ist schlimmer! Dann hätte er nicht mehr laufen können. Da war der Hansl aber froh darüber. Und als der Krieg verloren war, sagte er: „Freuen können wir uns, Mutter, dass wir nicht gewonnen haben. Dann hätte unser König sich stark gefühlt und hätte bald wieder einen neuen Krieg angefangen.“

Als der Hansl heiraten wollte, bekam er so eine faule Liesa zur Frau, eine mit kurzgestutzten Haaren und einem dicken Hinterteil. Den ganzen Tag lag sie auf dem Sofa. Da dachte der lustige Hans: „Glück hab’ ich mit der Liesa gehabt, dass sie kein Ziegenbock ist. Ein Ziegenbock gibt keine Milch, braucht einen eigenen Stall für sich, denn man kann ihn nicht in der Küche halten, frisst einen Zentner Gras und stinkt obendrein.“ Und er freute sich. Aber die Liesa lief ihm eines Tages davon, ging mit einem, der Strumpfbänder und Kämme verkaufte und ihr schöne Augen gemacht hatte. Da freute sich der Hansl, dass er die faule Liesa los war. Aber nach drei Tagen kam sie zurück; denn immer von Tür zu Tür gehen und den Koffer mit den Strumpfbändern tragen, war ihr zu viel Arbeit. Doch auch darüber freute sich der Hans, denn jetzt war er nicht mehr so allein. Und so ging das Leben vorbei. Der Hans wurde alt, und als die Zeit zum Sterben kam, legte er sich hin und sagte: „Schön war’s gewesen. Hab’ lange gelebt. Immer war’s lustig, und Glück hab’ ich gehabt – immer nur Glück.“ So war Hans, und keiner konnt’s ihm nehmen.

Janosch

AUFGABE 6

Gliedere den Text, indem du den Beginn jedes neuen Erzählabschnitts markierst. Notiere dir zu jedem Erzählabschnitt einige Stichworte (vgl. S. 37)

Zeitablauf (Wann?)	Beteiligte Personen	Ereignisse und ihre Folgen	Wie reagiert Hansl darauf?
1. Bald nach der Geburt	Hansl	stürzt aus dem Bett	freute sich
2. Als er größer war	Hansl, jemand	wirft ihm einen Stein an den Kopf	war froh
3. Als er alt genug war	Hansl, Motorradfahrer	gebrochenes Bein, zerrissene Hose	freute sich
4.			

Du erkennst, dass Hansl auf alles, was ihm im Leben passiert, mit Freude und Glücksgefühl reagiert. Für ihn gibt es keine Höhen und Tiefen, allein die fortschreitende Zeit bringt neue Personen, Ereignisse und Schauplätze.
Autoren gehen auf sehr verschiedene Weise mit der Zeit in ihren Texten um. Während Erich Kästner z. B. in seiner Rahmenerzählung mehrfach zwischen zwei Zeitschichten hin und her springt, erzählt Janosch sein modernes Märchen in der natürlichen zeitlichen Reihenfolge vom Anfang bis zum Ende.

AUFGABE 7

Verfasse einen kurzen Text zu dem Thema: Wie wird der Text durch die Zeitgestaltung gegliedert?
Lies dir vorher noch die folgenden Informationen zur Zeitgestaltung durch, damit du gleich die richtigen Beschreibungsbegriffe benutzen kannst.

MERKE

Grundbegriffe der literarischen Zeitgestaltung

Die Erzählzeit ist der Zeitraum, den man braucht, um einen Text zu erzählen oder vorzulesen.

Die erzählte Zeit ist der Zeitraum, von dem ein Text erzählt. Das können z. B. in einer Fabel nur wenige Minuten sein, im „Märchen vom Glück“ sind es vierzig Jahre, bei „Hans im Glück“ ist es ein ganzes Leben.

Die natürliche zeitliche Reihenfolge: Ein Text wird so erzählt oder aufgebaut, wie sich die Vorgänge von Anfang an ereignet haben.

Zeitsprünge kommen vor allem auch in modernen Erzählungen vor. Der Text folgt hier nicht der natürlichen zeitlichen Reihenfolge der Ereignisse, sondern springt zwischen früheren und späteren Vorgängen hin und her. Das kennst du aus der Rahmenerzählung im „Märchen vom Glück".
Zeitsprünge in die Zukunft können z. B. Vorausdeutungen sein, Zeitsprünge in die Vergangenheit sind z. B. Rückblenden, wie sie im Film häufig vorkommen.

Die Erzähltechnik der Raffung: Ein Ereignis wird nur kurz erwähnt, größere Zeiträume werden sehr kurz zusammengefasst.

Die Erzähltechnik der Dehnung: Eine Begebenheit wird ausführlicher erzählt oder durch ein Zwiegespräch anschaulich vergegenwärtigt. Meist ist dies eine Situation, die für den Erzählzusammenhang wichtig ist.

Die Erzählperspektive

Wenn Schriftsteller Geschichten schreiben, nehmen sie bestimmte Erzählperspektiven ein.
Die Erzählperspektive ist die Art und Weise, wie sich ein Schriftsteller (Autor) in seine Figuren hineinfühlt und hineindenkt, um sie für seine Leser anschaulich zu gestalten. Es ist eine Art innerer Blickwinkel, aus dem er seine Gestalten sieht und für die Leser sichtbar macht. Besonders häufig sind die beiden Grundtypen, die du bereits aus den Texten dieses Buches kennst, die Ich-Perspektive und die Er-Perspektive:

Ich sah vom Fenster aus, wie er über die Straße ging. Die Schneeflocken umtanzten ihn. Und er hatte ganz vergessen, mir zu sagen, ob wenigstens er glücklich sei.

Wir wohnten im dritten Stock mitten in der Stadt.

> Ich-Erzähler
> Ich-Perspektive
> (1. Person Singular oder Plural)

Ein beutelüsterner Wolf kam eines Tages an einen Bach, um dort zu trinken. Da sah **er** ein Lamm …

Es war einmal so ein glücklicher **Hansl, der** freute sich den ganzen Tag und über alles.

> Er-Erzähler
> Er-Perspektive
> (3. Person Singular oder Plural)

Durch die **Ich-Perspektive** wirkt eine Erzählung oft so, als habe der Erzähler alle Ereignisse selbst erlebt, obwohl sie natürlich ein Autor erlebt oder sich ausgedacht hat. Allerdings erfährt der Leser in aller Regel nicht mehr, als das Erzähler-Ich aus seiner Sicht weiß (oder zu wissen vorgibt). So kann er Einblicke in dessen Gedanken oder Gefühle bekommen. Das Innenleben anderer Personen aber bleibt ihm verborgen, sofern diese Personen nicht selbst darüber sprechen, und zwar so, dass es dem Ich-Erzähler selbst zu Ohren kommt. Typisch für diese Erzählhaltung ist eine Schlussbemerkung des jüngeren Erzählers in Kästners „Märchen vom Glück“: „Und er hatte ganz vergessen, mir zu sagen, ob wenigstens er glücklich sei.“
Der **Er-Erzähler** hat andere Möglichkeiten. Er erzählt – oft aus größerem Abstand – von mehreren Personen. Teilweise kennt er nicht nur ihren ganzen Lebenslauf, sondern sogar ihre Gedanken und Gefühle. Janoschs Märchen vom „Hans im Glück“ ist ein Beispiel dafür.
Erlebte Rede ist noch ein Begriff, den du zum Verständnis der Erzählperspektive im nächsten Text brauchst. Erlebte Rede ist die Wiedergabe von Gedanken einer literarischen Gestalt in der 3. Person Indikativ, und zwar weder als direkte Rede noch indirekt (im Konjunktiv). Es wirkt manchmal so, als habe der Leser diese Gedanken selbst gedacht. Er wird stärker in den Bann der Person gezogen. Oft muss man auch gut aufpassen, um herauszufinden, wer das gerade gedacht haben könnte, der Erzähler oder eine seiner Personen.

Krankabine

„Heben!“ Der Bauarbeiter dort unten reißt die Arme hoch. Jetzt brüllt er: „Hoch!“ Hören kann man davon nichts, hier oben in der Krankabine. Andres zieht an, die Stahlseile werden vom Elektromotor gespannt. Es geht ein Knacken durch das Eisenhaus, in dem Andres sitzt und die Last dort unten beobachtet. Eine gewaltige Betonplatte mit viereckigen Öffnungen hängt schräg am Seil. Zwei Arbeiter halten sie fest, damit sie sich nicht dreht. Beide haben graue Hüte auf. Ihr Gesicht kann man nicht sehen. Das sind Josef und Marco, der Italiener. Andres dreht jetzt mit dem Kran, schwenkt langsam um nach links. Dort vorn dreht sich der Supermarkt vorbei, die Schule und die Tankstelle. Noch weiter links taucht der Versicherungsneubau auf. Dahinter Hochhäuser. Halt, das war schon zu viel. Etwas zurück.

„Halt", schreien die da unten, was da oben niemand versteht, aber sie strecken ihre Arme waagrecht aus, das heißt: Halt! „Ab", wird kommandiert. Sie zeigen auf eine graubraun schraffierte Stelle. Das sind die Baustahlverankerungen für die Betonwand.

„Ab", sie lassen die Arme sinken. Langsam lässt Andres die Betonwand herunter. Zwei Arbeiter drehen sie schwerfällig auf die Baustahlverankerungen zu. Andres passt jetzt genau auf. Seine Augen werden schmale Schlitze, ganz langsam drückt er den Hebel. Die Platte senkt sich, berührt die graubraun schraffierte Stelle, da fahren da unten vier Arme hoch mit dem Daumen nach oben: „Auf!" Hat nicht geklappt. Irgendeiner hat beim Ansetzen wieder geschlafen. Wahrscheinlich der Stulpe links. Hat wieder einige zu viel getrunken, gestern. Vermutlich. Der sieht überhaupt lahm aus heute. Andres schiebt sein Kabinenfenster auf: „Stulpe, halt dich gut an der Platte fest, damit du nicht umfällst!"

Das war laut. Die da unten legen ihre Köpfe schief, sehen rauf zur Kabine. Jetzt sieht Andres ihre Gesichter, ihre Zähne. Sie lachen. Normalerweise sieht Andres keine Gesichter, nur Hüte und Schultern (...). Den ganzen Tag. (...) Ab und zu muss man ein Gesicht sehen. Jetzt war halt der Stulpe fällig. (...)

Frieder Stöckle

AUFGABE 8

a) Unterstreiche alle Stellen, an denen aus der Sicht einer Person erzählt wird.

b) Markiere Sätze mit einer gestrichelten Linie, die im Stil der „erlebten Rede" gedacht sind. Wessen Gedanken sind es vermutlich?

c) Wo ist der Erzähler versteckt? Was weiß er alles über die Bauleute?

MERKE

Grundbegriffe der Erzählperspektive

Erzählperspektive: Der Blickwinkel eines Autors, aus dem er seine Personen und deren Handlungen in einem Text darstellt.

Ich-Erzähler: Eine am Geschehen beteiligte Person erzählt aus ihrer Sicht. In der Regel erfährt der Leser nicht mehr, als der Erzähler weiß oder zu wissen vorgibt.

Er-Perspektive: Ein Erzähler stellt eine Geschichte und ihre handelnden Figuren oft aus einem größeren Abstand dar, manchmal sogar aus dem Überblick eines Allwissenden.

Erlebte Rede: Wiedergabe der Gedanken einer literarischen Gestalt in der 3. Person Indikativ, also weder in direkter Rede noch indirekt (Konjunktiv). Auf den Leser können sie wie eigene Gedanken wirken.

AUFGABE

9 Verfasse einen kurzen Text zu dem Thema: Welche Möglichkeiten der Erzählperspektive benutzt Frieder Stöckle? Welche erzählerische Wirkung erreicht er vermutlich damit? Benutze dazu die Beschreibungsbegriffe zur Erzählperspektive.

4 Beschreibung literarischer Textsorten

Merkmale der Fabel

Wie man die typischen Merkmale einer Textsorte herausfinden und beschreiben kann, das lernst du erst am Beispiel der Fabel, später an der Kurzgeschichte.

MERKE

Was ist eine Fabel?

1. Die Fabel ist eine knappe Erzählung, die eine konkrete Konfliktsituation innerhalb einer kurzen Zeitspanne darstellt.
2. Die handelnden Figuren sind meist Tiere, mit menschlichen Eigenschaften. Ihre gegensätzlichen Interessen führen zu einem Konflikt.
3. Der Schauplatz ist meist in der freien Natur.
4. Gegliedert ist die Fabel meist in drei oder vier Erzählabschnitte:
   - Am Anfang nennt der Erzähler kurz die Eingangssituation (Figuren, Schauplatz) und deutet den Konflikt an.
   - Den Hauptteil bildet oft ein Dialog, in dem der Konflikt zum Höhepunkt geführt wird.
   - Der Ausgang des Streites wird manchmal kurz berichtet, er kann auch unerwähnt bleiben.
   - Eine Lehre schließt gelegentlich, vom Autor direkt formuliert, die Fabel ab; oft muss sie sich der Leser auch erschließen.
5. Die Sprache der Fabel lässt sich nicht einheitlich bestimmen. Sie kann manchmal in Wortwahl und Satzbau sehr einfach und kindgemäß sein, zuweilen aber auch schwierig, z. B. in älteren Fabeln.
6. Erzählabsicht ist oft die Vermittlung einer Lebenserfahrung. Sie kann als Lehre (Moral) ausgesprochen werden, muss manchmal auch vom Leser selbst erschlossen werden.

Wolf und Lamm

Der Durst trieb einmal Wolf und Lamm zum selben Bach.
Der Wolf stand höher und weit unterhalb das Lamm.
Da reizte gleich den Wolf des Rachens wilde Gier,
Und darum brach der Räuber einen Streit vom Zaun.
„Du hast das Wasser, das ich trinken will, getrübt!"
Verschüchtert warf das wollig weiche Lämmlein ein:
„Mein lieber Wolf, ich bitte dich, wie kann ich das?
Das Wasser fließt doch erst von dir zu mir herab."
Die Macht der Wahrheit war selbst für den Wolf zu stark.
„Du schmähtest", rief er, „mich vor einem halben Jahr!"
„Da war ich", sprach das Lamm, „noch gar nicht auf der Welt!"
„Dann war's dein Vater eben, ja, beim Herakles!"
Schrie jener und zerriss es wider Fug und Recht.
Die Fabel geht auf den, der Menschen ohne Schuld
Durch falsche Unterstellung ins Verderben zieht.

Phädrus

AUFGABE **1**

Ergänze die Tabelle unten, indem du in der linken Spalte die allgemeinen Merkmale einer Fabel zusammenfasst, rechts die Beispiele aus dem Text dazuschreibst.

Merkmale der Fabel	Beispiel: Phädrus
1. Knappe Erzählung:	– nur 15 Zeilen lang
– Konfliktsituation:	– Vorwürfe des Wolfs
– in kurzer Zeitspanne:	– nur wenige Minuten Handlungszeit
2. Handelnde Figuren sind Tiere:	– Wolf und Lamm
– menschliche Eigenschaften:	– reden und streiten wie Menschen
– gegensätzliche Interessen:	– Wolf will Lamm fressen, Lamm will überleben
– Konflikt:	– Streit um ungerechtfertigte Anschuldigungen des Wolfs
3.	

MERKE

Beschreibung einer Textsorte im Aufsatz

1. Einleitend kannst du z. B. mehrere typische Merkmale der Textsorte erwähnen, bevor du eines genauer untersuchst. Auch ein Satz zum Inhalt oder zur Problematik bietet sich an.
2. Nenne und beschreibe jedes wichtige Merkmal in einem Abschnitt, z. B. die Figurengestaltung. So verlierst du die Hauptaufgabe, die Kennzeichen der Textsorte darzustellen, nicht aus den Augen.
3. Mit kurzen Hinweisen auf den Inhalt kannst du die typischen Merkmale am besten erklären.
4. Textzitate sichern deine Beobachtungen überzeugend ab.
5. Am Schluss kannst du einige wichtige Merkmale zusammenfassend. Verweise dabei auch auf jene Merkmale, die du nicht im Text beobachten konntest, z. B. wenn eine Lehre am Ende der Fabel fehlt.

AUFGABE 2

Welche typischen Kennzeichen einer Fabel fehlen im folgenden Text? Wie könnte die Lehre lauten?

Wolf und Lamm

Der Wolf kam zum Bach. Da entsprang das Lamm. „Bleib nur, du störest mich nicht“, rief der Wolf. „Danke“, rief das Lamm zurück, „ich habe im Äsop gelesen.“

Helmut Arntzen

Merkmale der Kurzgeschichte

Der Begriff **Kurzgeschichte** ist eine Lehnübersetzung aus dem Amerikanischen. Dort ist die „short story“ eine kürzere, für Zeitschriften oder Magazine geschriebene Erzählung von unterschiedlichem Umfang. Besonders nach dem Zweiten Weltkrieg wurden auch im deutschen Sprachraum Kurzgeschichten geschrieben.

MERKE

Merkmale der Kurzgeschichte

1. Inhalte von Kurzgeschichten sind oft Ereignisse aus dem Alltag eines (oder mehrerer) Menschen. Es können auch kennzeichnende Vorgänge oder Zustände in einem bestimmten Gesellschaftssystem sein.

2. Die Problematik enthüllt sich meist in einer besonderen Konfliktsituation, die z. B. von gegensätzlichen Interessen geprägt wird. Die Handlung beginnt meist unvermittelt. Personen und Schauplatz werden vom Erzähler nicht vorgestellt oder erklärt.

3. Der Handlungsablauf ist, entsprechend der Kürze der Textsorte, zügig und linear (keine Nebenhandlung, der Aufbau übersichtlich). Meist führt er rasch zu einem Höhe- oder Wendepunkt. Wichtiger als die äußeren Vorgänge sind manchmal Gedankenabläufe, Stimmungen oder Gefühlsregungen der Hauptperson. Sie können ganze Erzählabschnitte prägen.
   Überraschend und unvermittelt ist oft auch der Schluss, der sehr pointiert formuliert sein kann. Er kann eine unerwartete Wendung bringen oder eine unausweichliche Lösung, die von der stärkeren Gruppe oder vom „Schicksal" beeinflusst ist.

4. Meist treten nur wenige Personen auf, Personengruppierungen und Interessenkonflikte hängen voneinander ab. Das Äußere der Personen wird selten beschrieben. Sie werden indirekt durch Verhalten und Worte, Gedanken oder Gefühle charakterisiert.
   Der Zusammenhang mit dem früheren oder zukünftigen Leben bleibt im Dunkeln. Oft sind es Menschen, die sich in einer bestimmten Konfliktsituation bewähren oder dabei versagen und scheitern.

5. Die Sprache ist, wie bei anderen Textsorten auch, schwer auf typische Kennzeichen festzulegen. Der knappe Berichtstil kommt ebenso vor wie die anspruchsvolle bildhafte Sprache. An den Höhepunkten der Handlung kann es Dialoge geben.

6. Dem manchmal knappen Berichtstil entspricht oft die straffe Erzähltechnik. Vorausdeutungen und Rückblicke sind selten, Kommentare des Erzählers fehlen in der Regel. Der Leser wird vielmehr direkt in eine Situation hineinversetzt, er wird gleichsam zum Zeugen des Geschehens, das er oft aus der Perspektive, dem Blickwinkel einer handelnden Person wahrnimmt. Besonders deutlich wird dies, wenn der Erzähler den Stil der erlebten Rede und den inneren Monolog benutzt.

Ordnung

Die Mädchen und Jungen, die sich auf die Eckbank der leeren Bahnhofshalle setzten, kamen aus einem Jazz-Konzert. Ihr Gespräch verstummte rasch. Einer nach dem anderen legten sie den Kopf auf die Schulter ihres Nebenmanns. Der erste Zug fuhr 4.46 Uhr. Zwei Transportpolizisten, einen Schäferhund an der Leine, erschienen in der Tür, wandten sich der Bank zu und zupften die Schlafenden am Ärmel. „Entweder Sie setzen sich gerade hin, oder Sie verlassen den Bahnhof, Ordnung muß sein!"
„Wieso Ordnung?", fragte einer der Jungen, nachdem er sich aufgerichtet hatte. „Sie sehen doch, daß jeder seinen Kopf gleich wiedergefunden hat."
„Wenn Sie frech werden, verschwinden Sie sofort, verstanden?" Die Polizisten gingen weiter.
Die jungen Leute lehnten sich nach der anderen Seite. Zehn Minuten später kehrte die Streife zurück und verwies sie des Bahnhofs. Draußen ging ein feiner Regen nieder. Der Zeiger der großen Uhr wippte auf die Eins wie ein Gummiknüppel.

Reiner Kunze

AUFGABE 3

Fasse auf der linken Hälfte eines Blattes die allgemeinen Merkmale der Kurzgeschichte zusammen.
Notiere rechts neben den allgemeinen Merkmalen die konkreten Beispiele aus R. Kunzes Text „Ordnung".

Inhalt, Problematik

– Ereignisse aus dem Alltag eines Menschen	– Jugendliche warten nachts in der Bahnhofshalle auf einen Zug (nach Jazzkonzert).
– Vorgänge, Zustände in einem Gesellschaftssystem	– Jazzkonzerte waren in der DDR, wo der Text entstand, unerwünscht.
– Problematik: besondere Konfliktsituation	– Sie geraten unerwartet in Konflikt mit der Polizei.

Drei Hauptarbeitsschritte solltest du dir für die Übungen mit Textsorten besonders einprägen:

1. Du schreibst die wesentlichen Informationen über die Kennzeichen aus deinem Deutschheft oder aus einem Nachschlagewerk in Stichworten heraus.
2. Du notierst passende Textbeispiele (zusammengefasst oder als Zitat) und prüfst damit nach, ob das allgemeine Merkmal zutrifft.
3. Du fasst deine Beobachtungsergebnisse in einigen Sätzen zusammen.

AUFGABE 4

Welches der beiden Aufsatzbeispiele hat die Aufgabe richtig gelöst? Setze die richtige Lösung selbstständig fort.

Was ist an Reiner Kunzes Art der Personengestaltung typisch für eine Kurzgeschichte?

1 In dem Text treten – das ist typisch für eine Kurzgeschichte – nur wenige Personen auf. Einzelheiten – auch über das Äußere – bleiben unerwähnt. Kennzeichnend sind vor allem die gegensätzlichen Interessen beider Personengruppen. Die Jugendlichen wollen locker sitzen, die Polizisten stört das. Deshalb kommt es zum Konflikt über verschiedene Vorstellungen von „Ordnung“.
Einer Kurzgeschichte entspricht auch die indirekte Darstellung beider Gruppen durch ihre Art zu denken und zu argumentieren, soweit man es dem Dialog entnehmen kann. Dieser zeigt nicht nur die Schlagfertigkeit der Jugendlichen, sondern enthüllt zugleich die Sturheit der Polizisten.

2 Als Personen kommen Jugendliche und Polizisten im Text vor. Sie geraten in Streit miteinander, weil sie unter „Ordnung“ jeweils etwas anderes verstehen. Wie die Jugendlichen gekleidet sind und wie sie aussehen, das wird nicht gesagt. Aber die Polizisten tragen sicher Uniform, denn sie sind im Dienst, d. h., sie sind auch bewaffnet. Zudem haben sie einen Schäferhund bei sich, der die Jugendlichen sicher zusätzlich einschüchtern soll.
Die Gedanken von Spielern und Gegenspielern werden in den wenigen Worten des Dialogs deutlich. Die Jugendlichen wirken durch die schlagfertige Antwort eines Jungen geistig beweglicher, höchstens ein wenig vorlaut. Die Polizisten hingegen sind humorlos, barsch und unnötig autoritär, wenn sie die Jugendlichen in den Regen schicken.

Die Probe

Redluff sah, das schrille Quietschen der Bremsen noch in den Ohren, wie sich das Gesicht des Fahrers ärgerlich verzog. Mit zwei taumeligen Schritten war er wieder auf dem Gehweg. „Hat es Ihnen was gemacht?“ Er fühlte sich am Ellbogen angefasst. Mit einer fast brüsken Bewegung machte er sich frei. „Nein, nein, schon gut. Danke“, sagte er noch, beinah schon über die Schulter, als er merkte, dass ihm der Alte nachstarrte.

Eine Welle von Schwäche stieg von seinen Knien auf, wurde fast zur Übelkeit. Das hätte ihm gerade noch gefehlt, angefahren auf der Straße liegen, eine gaffende Menge und dann die Polizei. Er durfte jetzt nicht schwach werden, nur weiterlaufen, unauffällig weiterlaufen zwischen den vielen auf der hellen Straße. Langsam ließ das Klopfen im Halse nach. Seit drei Monaten war er zum ersten Mal wieder in der Stadt, zum ersten Mal wieder unter so viel Menschen. Ewig konnte er in dem Loch sich ja nicht verkriechen, er musste einmal wieder raus, wieder Kontakt aufnehmen mit dem Leben, überhaupt raus aus allem. Ein Schiff musste sich finden lassen, möglichst noch, bevor es Winter wurde. Seine Hand fuhr leicht über die linke Brustseite seines Jacketts, er spürte den Pass, der in der Innentasche steckte; gute Arbeit war dieser Pass, er hatte auch nicht schlecht dafür bezahlt.

Die Autos auf der Straße waren zu einer langen Kette aufgefahren. Nur stockend schoben sie sich vorwärts. Menschen gingen an ihm vorbei, kamen ihm entgegen; er achtete darauf, dass sie ihn nicht streiften. Einem Platzregen von Gesichtern war er ausgesetzt, fahle Ovale, die sich mit dem wechselnden Reklamelicht verfärbten. Redluff strengte sich an, den Schritt der vielen anzunehmen, mitzuschwimmen in dem Strom. Stimmen, abgerissene Gesprächsfetzen schlugen an sein Ohr, jemand lachte. Für eine Sekunde haftete sein Blick an dem Gesicht einer Frau, ihr offener, bemalter Mund sah schwarzgerändert aus. Die Autos fuhren jetzt an, ihre Motoren summten auf. Eine Straßenbahn schrammte vorbei. Und wieder Menschen, Menschen, ein Strom flutender Gesichter, Sprechen und hundertfache Schritte. Redluff fuhr unwillkürlich mit der Hand an seinen Kragen. An seinem Hals merkte er, dass seine Finger kalt und schweißig waren.

Wovor hab' ich denn eigentlich Angst, verdammte Einbildung, wer soll mich denn schon erkennen in dieser Menge, sagte er sich. Aber er spürte nur zu genau, dass er in ihr nicht eintauchen konnte, dass er wie ein Kork auf dem Wasser tanzte, abgestoßen und weitergetrieben. Ihn fror plötzlich. Nichts wie verdammte Einbildung, sagte er sich wieder. Vor drei Monaten war das ja noch anders, da stand sein Name schwarz auf rotem Papier auf jeder Anschlagsäule zu lesen, Jens Redluff; nur gut, dass das Foto so schlecht war. Der Name stand damals fett in den Schlagzeilen der Blätter, wurde dann klein und kleiner, auch das Fragezeichen dahinter, rutschte in die letzten Spalten und verschwand bald ganz.

Redluff war jetzt in eine Seitenstraße abgebogen, der Menschenstrom wurde dünner, noch ein paar Abbiegungen, und die Rinnsale lösten sich auf, zerfielen in einzelne Gestalten, einzelne Schritte. Hier war es dunkler. Er konnte den Kragen öffnen und die Krawatte nachlassen. Der Wind brachte einen brackigen Lufthauch vom Hafen her. Ihn fröstelte.

Ein breites Lichtband fiel quer vor ihm über die Straße, jemand kam aus dem kleinen Lokal, mit ihm ein Dunst nach Bier, Qualm und Essen. Redluff ging hinein. Die kleine, als Café aufgetakelte Kneipe war fast leer, ein paar Soldaten saßen herum, grelle Damen in ihrer Gesellschaft. Auf den kleinen Tischen standen Lämpchen mit pathetisch roten Schirmen. Ein Musikautomat begann aus der Ecke zu hämmern. Hinter der Theke lehnte ein dicker Bursche mit bloßen Armen. Er schaute nur flüchtig auf.

„Konjak, doppelt“, sagte Redluff zu dem Kellner. Er merkte, dass er seinen Hut noch in der Hand hielt, und legte ihn auf den leeren Stuhl neben sich. Er steckte sich eine Zigarette an, die ersten tiefen Züge machten ihn leicht benommen. Schön warm war es hier, er streckte seine Füße lang aus. Die Musik hatte gewechselt. Über gezogenen jaulenden Gitarretönen hörte er halblautes Sprechen, ein spitzes Lachen vom Nachbartisch. Gut saß es sich hier.

Der Dicke hinter der Theke drehte jetzt seinen Kopf nach der Tür. Draußen fiel eine Wagentür schlagend zu. Gleich darauf kamen zwei Männer herein, klein und stockig der eine davon. Er blieb in der Mitte stehen, der andere, im langen Ledermantel, steuerte auf den Nachbartisch zu. Keiner von beiden nahm seinen Hut ab. Redluff versuchte hinüberzuschielen, es durchfuhr ihn. Er sah, wie der Große sich über den Tisch beugte, kurz etwas Blinkendes in der Hand hielt. Die Musik hatte ausgesetzt. „What's he want?“ horte er den Neger vom Nebentisch sagen. „What's he want?“ Er sah seine wulstigen Lippen sich bewegen. Das Mädchen kramte eine bunte Karte aus ihrer Handtasche. „What's he want?“ sagte der Neger eigensinnig. Der Mann war schon zum nächsten Tisch gegangen. Redluff klammerte sich mit der einen Hand an die Tischkante. Er sah, wie die Fingernägel sich entfärbten. Der rauchige Raum schien ganz leicht zu schwanken, ganz leicht. Ihm war, als müßte er auf dem sich neigenden Boden jetzt langsam samt Tisch und Stuhl auf die andere Seite rutschen. Der Große hatte seine Runde beendet und ging auf den anderen zu, der immer noch mitten im Raum stand, die Hände in den Manteltaschen. Redluff sah, wie er zu dem Großen etwas sagte. Er konnte es nicht verstehen. Dann kam er geradewegs auf ihn zu.

„Sie entschuldigen“, sagte er, „Ihren Ausweis bitte!“ Redluff schaute erst gar nicht auf das runde Metall in seiner Hand. Er drückte seine Zigarette aus und war plötzlich völlig ruhig. Er wusste es selbst nicht, was ihn mit einmal so ruhig machte, aber seine Hand, die in die Innentasche seines Jacketts fuhr, fühlte den Stoff nicht, den sie berührte, sie war wie von Holz. Der Mann blätterte langsam in dem Pass, hob ihn besser in das Licht. Redluff sah die Falten auf der gerunzelten Stirn, ein, zwei, drei. Der Mann gab ihm den Pass zurück. „Danke, Herr Wolters“, sagte er. Aus seiner unnatürlichen Ruhe heraus hörte Redluff sich selber sprechen. „Das hat man gern, so kontrolliert werden wie“ – er zögerte etwas – „ein Verbrecher!“ Seine Stimme stand spröde im Raum. Er hatte doch gar nicht so laut gesprochen. „Man sieht manchmal jemand ähnlich“, sagte der Mann, grinste, als hätte er einen feinen Witz gemacht. „Feuer?“ Er fingerte eine halbe Zigarre aus der Manteltasche. Redluff schob seine Hand mit dem brennenden Streichholz längs der Tischkante ihm entgegen. Die beiden gingen. Redluff lehnte sich in seinen Stuhl zurück. Die Spannung in ihm zerbröckelte, die eisige Ruhe schmolz. Er hätte jubeln können. Das war es, das war die Probe, und er hatte sie bestanden. Triumphierend setzte der Musikautomat wieder ein. „He, Sie vergessen Ihren Hut“, sagte der Dicke hinter der Theke. Draußen atmete er tief, seine Schritte schwangen weit aus, am liebsten hätte er gesungen.

Langsam kam er wieder in belebtere Straßen, die Lichter nahmen zu, die Läden, die Leuchtzeichen an den Wänden. Aus einem Kino kam ein Knäuel Menschen, sie lachten und schwatzten, er mitten unter ihnen. Es tat ihm wohl, wenn sie ihn streiften. „Hans“, hörte er eine Frauenstimme hinter sich, jemand fasste seinen Arm. „Tut mir leid“, sagte er und lächelte in das enttäuschte Gesicht. Verdammt hübsch, sagte er zu sich. Im Weitergehen nestelte er an seiner Krawatte. Dunkelglänzende Wagen sangen über den blanken Asphalt, Kaskaden wechselnden Lichts ergossen sich von den Fassaden, Zeitungsverkäufer riefen die Abendausgaben aus. Hinter einer großen, leicht beschlagenen Spiegelglasscheibe sah er undeutlich tanzende Paare; pulsierend drang die Musik abgedämpft bis auf die Straße. Ihm war wie nach Sekt. Ewig hätte er so gehen können, so wie jetzt. Er gehörte wieder dazu, er hatte den Schritt der vielen, es machte ihm keine Mühe mehr. Im Sog der Menge ging er über den großen Platz auf die große Halle zu mit ihren Ketten von Glühlampen und riesigen Transparenten. Um die Kassen vor dem Einlass drängten sich Menschen. Von irgendwoher flutete Lautsprechermusik. Stand dort nicht das Mädchen von vorhin? Redluff stellte sich hinter sie in die Reihe. Sie wandte den Kopf, er spürte einen Hauch von Parfüm. Dicht hinter ihr zwängte er sich durch den Einlass. Immer noch flutete die Musik, er hörte ein Gewirr von Hunderten von Stimmen. Ein paar Polizisten suchten etwas Ordnung in das Gedränge zu bringen. Ein Mann in einer Art von Portiersuniform nahm ihm seine Einlasskarte ab. „Der, der!" rief er auf einmal und deutete aufgeregt hinter ihm her. Gesichter wandten sich, jemand im schwarzen Anzug kam auf ihn zu, ein blitzendes Ding in der Hand. Gleißendes Scheinwerferlicht übergoss ihn. Jemand drückte ihm einen Riesenblumenstrauß in die Hände. Zwei strahlend lächelnde Mädchen hakten ihn rechts und links unter, Fotoblitze zuckten. Und zu allem dröhnte eine geölte Stimme, die vor innerer Freudigkeit fast zu bersten schien: „Ich darf Ihnen im Namen der Direktion von ganzem Herzen gratulieren. Sie sind der hunderttausendste Besucher der Ausstellung!" Redluff stand wie betäubt. „Und jetzt sagen Sie uns Ihren werten Namen", schmalzte die Stimme unwiderstehlich weiter. „Redluff, Jens Redluff", sagte er, noch ehe er wußte, was er sagte, und schon hatten es die Lautsprecher dröhnend bis in den letzten Winkel der riesigen Halle getragen. Der Kordon der Polizisten der eben noch die applaudierende Menge zurückgehalten hatte, löste sich langsam auf. Sie kamen auf ihn zu.

Herbert Malecha

Wer Gliederung und Aufbau erfasst hat, besitzt einen guten Überblick über jeden Text. Du weißt aus früheren Übungen, dass daran kein Weg vorbei führt, wenn man einen Text wirklich – auch in seiner „Machart" – verstehen will. Da du jedoch ähnliche Aufgaben schon gelöst hast, bekommst du einige Vorgaben, die dich rascher voranbringen.
Die Sinnabschnitte lassen sich hier weniger an verschiedenen Erzähltechniken oder Zeitabläufen erkennen: sie sind eher an einigen inhaltlichen Gestaltungselementen abzulesen. Die folgende Gliederungsübersicht fasst sie zusammen.

Gliederung der Kurzgeschichte „Die Probe" in Stichworten

	sichtbare Ereignisse	Schauplätze	Gedanken, Stimmungen und Verhalten der Hauptperson
1.	Beinahe-Unfall	verkehrsreiche Straße	Redluff erschrickt, ist wie gelähmt („Welle von Schwäche", „fast … Übelkeit"), fürchtet sich vor der Polizei.
2.	Redluff geht weg vom Zentrum	mehrere Straßen	Berührungsängste gegenüber den Passanten, Unsicherheit, Furcht, entdeckt zu werden; aber langsam beruhigt sich Redluff mit dem Gedanken an seinen (gefälschten) Pass.
3.	Passkontrolle durch zwei Kriminalbeamte: die „Probe"	Kneipe in Hafennähe	Zunächst beruhigt er sich, der Anblick der Polizisten beunruhigt ihn erneut, doch bei der Passkontrolle ist er beherrscht. Danach helle Freude über die bestandene „Probe" („Er hätte jubeln können."), Hochstimmung.
4.	Redluff geht wieder zum Zentrum	mehrere Straßen	Er fühlt sich sicherer, wohler, geht erleichtert und beschwingt, hat keine Scheu mehr vor den Passanten („Ihm war wie nach Sekt. Ewig hätte er so gehen können …"), Unternehmungslust erwacht.
5.	Überraschender Empfang als 100 000. Besucher: Hauptprobe (nicht bestanden)	große Ausstellungshalle	Noch immer in Hochstimmung, folgt er einer jungen Frau, drängt sich beim Einlass hinter sie. Ist bei den Glückwünschen „wie betäubt", vergisst alle Vorsicht, verrät sich dadurch.

Gliederung und Aufbau der Kurzgeschichte „Die Probe“

	1.	2.	3.	4.	5.
Sichtbare Ereignisse	Beinahe-Unfall	R. geht weg vom Zentrum	Passkontrolle (Polizei) 1. „Probe“	R. geht wieder zum Zentrum	überraschender Empfang: 2. „Probe“
Schauplätze	verkehrsreiche Straße	mehrere Straßen	Kneipe in Hafennähe	mehrere Straßen	Ausstellungshalle
Stimmung	Schrecken	langsame Beruhigung	Beunruhigung, dann Freude über bestandene „Probe“	Hochstimmung	Überraschung, „wie betäubt“, Polizei naht (Verhaftung)

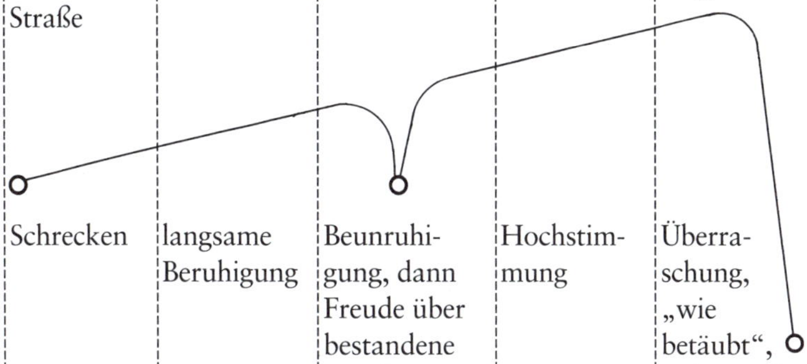

Welche Gestaltungsmittel lassen sich beim Aufbau beobachten?
1. Steigerung der sichtbaren Ereignisse
2. Stimmungsgegensätze in den Episoden
3. Wechsel der Schauplätze

Wie ist die Kurzgeschichte von Herbert Malecha gegliedert und aufgebaut?

Der Text lässt sich in fünf Erzählabschnitte gliedern, die aber nicht durch Absätze im Text gegeneinander abgegrenzt sind. Man kann sie eher, wie oft bei Kurzgeschichten, an einigen typischen Gestaltungselementen erkennen. Dazu gehört z. B. der Wechsel der Schauplätze, an denen sich die drei wichtigsten Ereignisse abspielen, aber auch die Verhaltensweisen und Stimmungen der Hauptperson verändern sich von Abschnitt zu Abschnitt.

Drei auffällige Ereignisse stehen am Anfang, in der Mitte und am Ende der Kurzgeschichte: der Beinahe-Unfall an einer verkehrsreichen Straße (1. Erzählabschnitt), die Passkontrolle in der Mitte (3. Erzählabschnitt), schließlich der Empfang in der Ausstellungshalle (5. Erzählabschnitt), dem (möglicherweise) die Verhaftung folgt. Zwischen diesen Hauptereignissen geht Redluff durch verschiedene Straßen und verarbeitet gedanklich seine Erlebnisse.
Der erste Erzählabschnitt setzt mit dem Beinahe-Unfall ein und schildert seine ersten Wirkungen auf Redluffs Gedanken und Gefühle. Der Schreck sitzt ihm noch in den Gliedern, als er mit „einer fast brüsken Bewegung" jede Hilfe zurückweist. Er wirkt geistesabwesend, zerstreut und menschenscheu und versucht mühsam, seine Aufregung zu verbergen. Er ist an einem Tiefpunkt seiner Stimmung.

AUFGABE

5 Setze die Textbeschreibung für die restlichen vier Erzählabschnitte fort. Berücksichtige dabei die Gliederungsübersicht und die Skizze.

Die Personengestaltung gehört bei vielen Texten zu den interessantesten Fragen. Der Fall Redluff zeigt es deutlich. Zwar bleiben auch am Ende der Geschichte noch Fragen offen, z. B. was er verbrochen hat und was er sonst für ein Mensch ist, warum er so viel über seine Flucht nachdenkt und so wenig über seine Tat. Aber man erfährt dennoch eine ganze Menge über ihn, wenn man den Text Malechas etwas genauer unter die Lupe nimmt.

Welche Einblicke gibt der Autor in Redluffs Gedanken und innere Einstellungen, seine Stimmungen und Gefühle in diesem Text? Dass sie eine große Rolle spielen, hast du sicherlich schon beim Blick auf die Gliederung der Kurzgeschichte gemerkt. Damit du wieder rasch ans Schreiben kommst, wird dir ein Teil der Vorarbeiten abgenommen.

AUFGABE

6 Setze die Materialsammlung auf S. 55 fort.

Redluffs Innenleben

	Personenverhalten, sichtbare Bewegungen	Redluffs Gedanken, Gefühle, Sinneswahrnehmungen, Stimmungen
1.	Mit zwei taumeligen Schritten …, Z. 2f.	R. sah … das Gesicht …, Z. 1f. … das schrille Quietschen …, Z. 1
	Mit einer fast brüsken Bewegung …, Z. 4f.	noch in den Ohren, Z. 1 Eine Welle von Schwäche … Z. 8
2.	Seine Hand fuhr … (zum Pass im Jackett), Z. 18f.	Er durfte jetzt nicht schwach werden … (erlebte Rede: er redet sich Mut zum Durchhalten zu), Z.10f.
		Langsam ließ das Klopfen im Halse nach. (= Angst lässt nach), Z.12
		… gute Arbeit war dieser Pass … (= redet sich Mut und Hoffnung zu), Z. 19f.
	… er achtete darauf, dass sie ihn nicht streiften. Z. 23 Redluff strengte sich an, den Schritt der vielen anzunehmen …, Z. 25f.	Einem Platzregen von Gesichtern war er ausgesetzt … (Sprachbild, Metapher dafür, dass er sich beob achtet, bedroht fühlt), Z. 24
	Redluff fuhr unwillkürlich mit der Hand an seinen Kragen. Z. 32f.	An seinem Hals merkte er, dass seine Finger kalt und schweißig waren (d. h. er war noch aufgeregt), Z. 33f.
		Wovor hab' ich denn eigentlich Angst, verdammte Einbildung …, Z. 35
	Redluff war jetzt in eine Seitenstraße abgebogen …, Z. 46	Ihn fror plötzlich. Z. 38
		Nichts wie verdammte Einbildung, sagte er sich wieder. Z. 39
	… konnte den Kragen öffnen und die Krawatte nachlassen. Z. 49	… brackigen Lufthauch vom Hafen … Z. 50 Ihn fröstelte. Z. 50f.

AUFGABE

7 Fasse die Stichwortnotizen in einer Textbeschreibung zusammen. So könntest du anfangen:

Wie sind Verhalten und Bewegungen Redluffs gestaltet?
Was ist daran typisch für eine Kurzgeschichte?

Als Leser hat man es schwer, sich Redluff bildlich vorzustellen, denn im Text wird über sein Aussehen gar nichts, über seine Kleidung (Hemd, Krawatte, Jackett, Hut) nur wenig gesagt.
Für eine Kurzgeschichte ist es typisch, dass der Leser den handelnden Personen begegnet, ohne dass diese ausführlich eingeführt und beschrieben werden. Mehr erfährt man über Redluffs Verhalten. Bereits am Anfang zeigt der Erzähler Redluff indirekt durch seine Gesten und seine Reaktionen als einen verunsicherten, verängstigten Menschen.
Dieses Verhalten erkennt man auch im zweiten Erzählabschnitt, wenn seine Hand zum Jackett fährt, zum gefälschten Pass, der ihm die Flucht ins Ausland ermöglichen soll. Er redet sich Mut ein, aber das „Klopfen im Halse“, Zeichen seiner Angst, lässt erst allmählich nach ...

Bisher hast du bei der Kurzgeschichte Erschließungsfragen untersucht und in Textbeschreibungen dargestellt. Dabei bist du eingehend mit dem Text vertraut geworden. In den folgenden Übungen richtest du dein Augenmerk abschließend noch einmal ganz auf die besonderen Kennzeichen der Kurzgeschichte als einer eigenständigen Textsorte. Damit du rasch einen Überblick gewinnst, werden die wesentlichen allgemeinen Merkmale in Stichworten aufgelistet.

AUFGABE

8 Lies dir noch einmal die Merkmale der Kurzgeschichte auf S. 45 durch. Ergänze die Tabelle auf S. 57, indem du in der linken Spalte die allgemeinen Merkmale einer Kurzgeschichte zusammenfasst, rechts die Beispiele aus dem Text dazu schreibst.

Allgemeine Merkmale	Beispiele aus „Die Probe“
1. Inhalt und Problematik	
– kurze Erzählzeit	– nur wenige Minuten Lese- bzw. Erzahlzeit
– Alltagsereignisse	– Gang durch Straßen, Kneipenbesuch usw.
– Zustände, Vorgänge in einem Gesellschaftssystem	– ein Verfolgter unter normalen Menschen
– besondere Konfliktsituation	– Steckbrieflich gesuchter Verbrecher will mit Hilfe eines gefälschten Ausweises entliehen.
2. Handlungsbeginn, Eingangssituation	
– unvermittelt	– „Redluff sah, das schrille Quietschen …“
– Schauplatz nur angedeutet	– verkehrsreiche Straße in Großstadt
– Personen nicht vorgestellt	– selbst Hauptperson nicht eingeführt
– Konfliktstoff angedeutet	– Steckbrieflich gesuchter Verbrecher sucht unerkannt zu bleiben.
3. Handlungsablauf/Erzählaufbau	
–	
–	

AUFGABE 9

Setze die folgende Textbeschreibung fort. Benutze deine Stichwortnotizen aus Aufgabe 8.

Welche typischen Merkmale einer Kurzgeschichte lassen sich im Handlungsablauf der „Probe“ von H. Malecha erkennen?

Typisch ist bereits der unvermittelte Beginn im ersten Satz: „Redluff sah, …, wie sich das Gesicht des Fahrers ärgerlich verzog.“ Der Leser fragt sich, wer Redluff ist, warum er in die Unfallsituation gerät, woher er kommt, wo er ist und anderes mehr. Auch der Schauplatz wird nicht beschrieben, sondern nur in kurzen Ausblicken (Gesicht des Fahrers, lange Kette von Autos) angedeutet oder durch Geräusche wahrnehmbar: das schrille Quietschen der Bremsen. Ebenso knapp – und damit kennzeichnend für eine Kurzgeschichte – sind die Informationen über die Hauptperson. Erst allmählich erfährt man, dass Redluff ein steckbrieflich gesuchter Verbrecher ist. Aber die Vorgeschichte

bleibt im Dunkeln, ebenso die Zukunft, wie man später erfahren wird. Typisch für eine Kurzgeschichte ist es auch, dass schon in den ersten Sätzen das eigentliche Problem angedeutet wird: „Das hätte ihm gerade gefehlt, angefahren auf der Straße liegen, eine gaffende Menge und dann die Polizei." Diese Furcht vor der Polizei macht den Leser auf seine Konfliktsituation aufmerksam.
Die Beispiele zeigen, dass dieser Text in seinen Hinweisen auf den Schauplatz, die Hauptperson und ihren Konflikt den typischen Anfang einer Kurzgeschichte hat...

CHARAKTERISTIK

1 Das Aussehen einer Person beschreiben

Grundbegriffe und Überblick

Im Alltag gibt es verschiedene Gelegenheiten, bei denen man über Personen spricht. Man will z. B. einen neuen Lehrer oder einen Mitschüler beschreiben, kann das Verhalten eines Sportkameraden erklären oder eine Freundin aus dem Ferienlager zu charakterisieren versuchen.
In jedem Fall möchte man den Lesern oder Zuhörern zuverlässig das Bild eines Menschen vermitteln: wie er oder sie aussieht, sich in einer bestimmten Situation verhält oder allgemein zu charakterisieren ist.
Das ist manchmal schwieriger, als es auf den ersten Blick scheint. Zur besseren Verständigung in unserem Trainingsprogramm bekommst du zunächst im Überblick die wichtigsten Grundbegriffe erklärt:

MERKE

Grundbegriffe der Beschreibung und Charakterisierung von Personen

Die Personenbeschreibung beschränkt sich auf das Äußere einer Person, auf Kopf und Haartracht, Gestalt und Haltung, Kleidung und mitgeführte Gegenstände. Suchanzeigen oder polizeiliche Personenbeschreibung sind typische Grundformen. Der Mensch wird, gleichsam wie auf einem Foto abgebildet, beschrieben.

Die Verhaltensbeschreibung sieht den Menschen in Bewegung. Sie gibt eine Art Momentaufnahme und beschreibt, was eine Person in einer bestimmten Situation tut und wie sie es tut. Manchmal kann man daraus Rückschlüsse auf typische Eigenschaften ziehen. Insofern kann die Beschreibung des Verhaltens charakterisierende Elemente enthalten. Man sollte sich jedoch vor übereilten Urteilen hüten.

Die Personencharakterisierung geht oft von der Personenbeschreibung aus. Sie stützt sich auch auf die Beschreibung des Verhaltens, und zwar nicht nur in einer Situation, sondern im Blick auf einen längeren Zeitraum. Ihr Ziel ist es, die Eigenschaften und Charakterzüge eines Menschen zu erfassen und sie möglichst genau und direkt zu benennen. Auch sie ist dabei manchmal auf Vermutungen angewiesen.

AUFGABE

1 Du hast zufällig gesehen, dass zwei Schüler aus der hier abgebildeten Gruppe Zeugen eines Verkehrsunfalls waren, kennst aber ihre Namen nicht. Versuche sie zu beschreiben.

a) Beschreibe Schülerin A und Schüler B in Stichworten.

b) Beschreibe Schülerin A in vollständigen Sätzen

Gesichtspunkte für die Beschreibung einer Person

Allgemeine Angaben
- Alter
- Geschlecht
- Größe
- auffällige Kennzeichen
- Name
- Beruf
- Wohnung
- Angehörige

Kopf und Haare
- Kopfform
- Haarfarbe
- Haartracht

Gesicht
- Stirn
- Augen
- Augenbrauen
- Nase
- Ohren
- Mund
- Zähne
- Kinn

Sprache
- Mundart
- Hochsprache
- Stimmhöhe
- Stimmkraft

Körper, Gestalt
- Größe s. o.
- Körperbau
- Arme
- Hände
- Beine
- Füße

Bekleidung
- Kopfbedeckung
- Mantel
- Schal
- Jacke/Kleid
- Rock/Hose
- Pullover/Weste
- Hemd/Bluse
- Krawatte
- Strümpfe/Socken
- Schuhe

mitgeführte Gegenstände
- Schmucksachen
- Gegenstände
- Waffen
- Schriftstücke

Gang und Haltung
- aufrecht
- gebückt

Wie Schriftsteller Personen beschreiben

Häufig kommen Personenbeschreibungen in erzählenden Texten vor. Sie sind von unterschiedlicher Genauigkeit, das hängt vom Erzählzusammenhang ab. Manchmal genügen wenige Hinweise und man kann sich die Personen gut vorstellen, manchmal fällt die Beschreibung auch ausführlicher aus. Ein Beispiel dafür ist ein Ausschnitt bei Karl May: „In den Schluchten des Balkan", dem wir den Titel „Der Bäcker Boschak" gegeben haben. Kara Ben Nemsi kommt zum Bäcker Boschak. Er beschreibt ihn so, dass man ihn wegen seiner Körperfülle auch auf Illustrationen sofort erkennt:

Der Bäcker Boschak

(…) Ich hörte einige schwere, schlürfende Schritte, einige wiederholte ‚A buh', und dann trat der Herr des Hauses ein.
Ich erschrak beinahe, als ich den Mann sah. Er war fast so dick wie hoch und musste sich förmlich zur Türöffnung hereindrängen. Er trug sich vollständig bulgarisch. Seine Hose, seine Tunika, sein kurzer Ärmelmantel waren von Wollstoff, während der Türke für die Sommerzeit einen faltenreichen, leichten leinenen oder baumwollenen Stoff anzulegen pflegt. Die Beine des Bäckers waren nach bulgarischer Sitte mit dicken Bändern umwickelt, die auch den Fuß umhüllten. Der Altbulgare liebt andre Fußbekleidung nicht.

Serie 8. Karl May: In den Schluchten des Balkan. Bild 4.

Diese Tracht entstellte den Bäcker vollends. Der kurze Mantel, die umwickelten Beine, der anderthalb Fuß breite Gürtel, den er um den Leib trug, machten ihn noch viel dicker und unförmlicher, als er eigentlich war. Dazu kam, dass er den Kopf rasiert hatte. Nur oben auf der Mitte des Schädels befand sich ein langer Haarbüschel, der, in zwei Zöpfe geflochten, hinten herunterhing. Einen Fes oder irgendeine andere Kopfbedeckung trug er nicht. In der Hand hatte er ein zusammengeknotetes Tuch, worin sich einige Tüten befanden.

Würde man mich fragen, welche Farbe sein Anzug gehabt habe, so könnte ich das unmöglich sagen. Ursprünglich war jedenfalls eine Grundfarbe dagewesen. Über sie hinweg aber gab es jetzt Striche von allen möglichen Farben, so dass der eigentliche Grund nicht mehr zu erkennen war. Man sah nur, dass der Mann seine Finger, mochten sie nun beim Backen mit Teig oder beim Färben mit Farbe beschmiert gewesen sein, einfach an der Kleidung abgewischt hatte (...)

Und nun gar das Gesicht! Das war geradezu einzigartig. Offenbar hatte er zwei Angewohnheiten oder auch drei, die sich mit seinem Geschäft nicht vertrugen: er schnupfte, er liebte es, sich die Augen zu reiben, und er pflegte sich wohl auch hinter den Ohren zu kratzen, denn sowohl die Nase wie die Umgebung der Augen und die Ohren schienen mit schwarzer Tinte, Pflaumenmus, Eigelb, Himbeersaft und geschlemmter Kreide eingerieben zu sein. (...)

Serie 8. Karl May: In den Schluchten des Balkan. Bild 2.

AUFGABE 2

a) Notiere in Stichworten, welche äußeren Merkmale beschrieben wurden, und markiere die Beispiele im Text.

b) Schau dir die Bilder genau an. Der Illustrator hat sich nicht ganz genau an den Text gehalten. Wo weicht er davon ab?

c) Verfasse eine kurze Textbeschreibung zum Thema: Wie beschreibt Karl May den Bäcker Boschak? Nutze dazu deine bisherigen Beobachtungen zum Text und vergiss Einleitung und Schluss nicht.

Ganz anders als Karl May beschreibt Thomas Mann die Person im folgenden Textauszug. Er beschränkt sich nicht nur auf die Beschreibung des Äußeren, sondern deutet es zugleich.

Es schritt ein Jüngling die Schellingstraße hinan; er schritt (...) in der Mitte des Holzpflasters der breiten Fassade der Ludwigskirche entgegen. Sah man ihn an, so war es, als ob ein Schatten über die Sonne ginge oder über das Gemüt eine Erinnerung an schwere Stunden. Liebte er die Sonne nicht, die die schöne Stadt in Festglanz tauchte? Warum hielt er in sich gekehrt und abgewandt die Augen zu Boden gerichtet, indes er wandelte?

Er trug keinen Hut, woran bei der Kostümfreiheit der leichtgemuten Stadt keine Seele Anstoß nahm, sondern hatte statt dessen die Kapuze seines weiten, schwarzen Mantels über den Kopf gezogen, die seine niedrige, eckig hervorspringende Stirn beschattete, seine Ohren bedeckte und seine hageren Wangen umrahmte. Welcher Gewissensgram, welche Skrupel und welche Mißhandlungen seiner selbst hatten diese Wangen so auszuhöhlen vermocht? Ist es nicht schauerlich, an solchem Sonntage den Kummer in den Wangenhöhlen eines Menschen wohnen zu sehen? Seine dunklen Brauen verdickten sich stark an der schmalen Wurzel seiner Nase, die groß und gehöckert aus dem Gesicht hervorsprang, und seine Lippen waren stark und wulstig. Wenn er seine ziemlich nahe beieinanderliegenden braunen Augen erhob, bildeten sich

Querfalten auf seiner kantigen Stirn. Er blickte mit einem Ausdruck von Wissen, Begrenztheit und Leiden. Im Profil gesehen, glich dieses Gesicht genau einem alten Bildnis von Möncheshand, aufbewahrt zu Florenz in einer engen und harten Klosterzelle (...)

AUFGABE 3

a) Unterstreiche alle Hinweise auf das Äußere der Person mit einer durchgehenden Linie, alle Aussagen über das Innenleben, z. B. Stimmungen, Gefühle, Eigenheiten, mit einer gestrichelten Linie.

b) Welches der drei Bilder könnte die im Text beschriebene Person darstellen? Begründe deine Entscheidung in Stichworten.

c) Worin siehst du die wesentlichen Unterschiede zwischen den Personenbeschreibungen bei Karl May und Thomas Mann? Fasse deine Beobachtungen in Stichworten (Inhalt/Darstellungsweise) zusammen.

Das Verhalten einer Person beschreiben

Die Verhaltensbeschreibung als Momentaufnahme

Bisher hast du vor allem das **Aussehen** von Personen beschrieben. In den nächsten Übungen beachtest du auch ihr **Verhalten in bestimmten Situationen.** Du siehst so etwas wie „Momentaufnahmen“ und versuchst zu beschreiben, was die Personen tun und wie sie es tun. Da die ausgewählten Bildgeschichten ihre Inhalte vereinfachen und überzeichnen, kannst du die Aufgaben rascher lösen.

Peter, auch nicht angefroren,
Klatscht dem Paul um seine Ohren.

Jetzt wird's aber desperat. –
Ach, der köstliche Salat

Dient den aufgeregten Geistern,
Sich damit zu überkleistern.

Wie verhalten sich die Buben bei der Prügelei?
Peter, der kleinere Junge, schlägt dem größeren, Paul, heftig die Peitsche um den Kopf. Wild laufen sie dann aufeinander zu und sind im nächsten Augenblick am Küchentisch. Dort greifen beide zornig in die Salatschüssel, schwungvoll kleistern sie einander den Salat in die Gesichter, wobei sie weiter heftig um sich schlagen und wütend aufeinander losgehen.

AUFGABE 1

Beschreibe auf ähnliche Weise das Verhalten der Eltern (Bild unten). Versuche, die beschreibenden Verben mit passenden Adverbien (Eigenschaftswörtern) zu verbinden.

Papa Fittig kommt gesprungen
Mit dem Stocke hochgeschwungen.
Mama Fittig, voller Güte,
Daß sie dies Malheur verhüte,
„Bester Fittig“, ruft sie, „fass dich!“
Dabei ist sie etwas hastig.

Zwei Fehler können sich bei der Beschreibung des Verhaltens einschleichen:
1. Wenn du die Aufgabenformulierung nicht genau beachtest, landest du bei der Inhaltsangabe.
2. Statt einer Momentaufnahme schreibst du eine Charakterisierung, die den Personen schon grundsätzliche Eigenschaften zuweist.

MERKE

Welche Rückschlüsse erlaubt das Verhalten einer Person auf ihre inneren Einstellungen?

- Die Beschreibung des Verhaltens in einer bestimmten Situation ist wie eine Momentaufnahme. Sie sagt nur über den beobachteten Augenblick etwas aus. Verben kennzeichnen meist am sichersten dieses Verhalten:
  Paul wirft Peter den Salat ins Gesicht.
  Die Mutter hebt beide Arme.
- Manchmal erlaubt das Verhalten, besonders bei heftigen Bewegungen, Rückschlüsse auf Gefühle, Gedanken, innere Einstellungen eines Menschen. Man kennzeichnet sie am besten durch entsprechende Adverbien oder Partizipien zusammen mit Verben:
  Paul wirft ... wütend den Salat ...
  Die Mutter hebt ängstlich beide Arme.
- Aber: Adjektive sind hier fehl am Platze. Sie charakterisieren eine Person grundsätzlich, nicht nur für eine Situation, z. B. (immer) streitsüchtige Buben, (immer) jähzornige Eltern.

Vom Verhalten auf das Innere einer Person schließen

Die gute Gelegenheit
von e. o. plauen

Die Bildgeschichte von E. O. Plauen zeigt, wie ein Vater und sein Sohn verschiedene Dinge aus einem brennenden Haus retten. Während schon Rauch und Flammen aus einem offenen Fenster des kleinen Häuschens dringen, eilt der Vater mit riesigen Schritten aus dem Haus. Bekleidet ist er nur mit Hose, Hemd und Weste. Offenbar wurde er von dem Feuer überrascht. Auf der Schulter trägt er ein Schaukelpferd, des Weiteren einen Ball und eine Schultasche. Fürsorglich denkt er zuerst an die Sachen seines Kindes, nicht an den eigenen Besitz. Gesprochen wird bei dieser Rettungsaktion kein Wort. Der Vater handelt in dieser gefährlichen Situation also nicht nur mutig, sondern selbstlos und liebevoll denkt er zuerst an sein Kind.

AUFGABE **2**

a) Unterstreiche in dem Aufsatzbeispiel die Textstellen, die sich auf das Verhalten des Vaters, auf seine Gedanken und Gefühle beziehen.
Notiere die Stellen, mit denen das Verhalten des Vaters beschrieben wird, nach dem Schema unten.

b) Beschreibe anschließend das Verhalten des Sohnes.

Verhalten	**innere Einstellung**
eilt mit riesigen Schritten	fürsorglich denkt er

In der letzten Bildgeschichte durften Worte fehlen: Vater und Sohn verstanden sich auch so. Bei der folgenden Geschichte ist das anders, denn bei einem solchen Streit wird man sich nicht bloß anfauchen. Deshalb haben Schüler einfache Sprechblasen zu den Bildern geschrieben:

Vorgetäuschte Kraft von e. o. plauen

1. und 2. Bild:
Vater (hält mit einer Hand den frisch gepflanzten Baum und wirft mit dem Spaten den Erdaushub zurück ins Pflanzloch): „Da kommt man ins Schwitzen. Das war eine Heidenarbeit! Na, jetzt ist's geschafft! Sieht ja aus wie festgewachsen, der neue Baum. Da wird mein Heiner aber staunen, wenn er Vaters neuen Baum sieht!" (Bringt den Spaten ins Haus.)

3. Bild:
Sohn (rennend, laut rufend): „Papa, Papa!" ...
Nachbar (hemdsärmelig rennend, keuchend): „Verflixter Bengel! Bleib stehen, ich krieg' dich doch! Du hast die Scheibe eingeworfen mit deinem blöden Ball! Halunke, dich erwisch' ich! Ha, deinem Vater, dem werd' ich's zeigen! Da hat er ein schönes Früchtchen erzogen!" (keucht)

AUFGABE 3

a) Halte in Stichworten fest, in welcher Stimmung sich die Personen auf den Bildern 4–6 befinden.

b) Schreibe ähnliche Sprechblasentexte zu den restlichen Bildern. Die Stimmung (innere Einstellung) der Personen sollte daraus deutlich werden.

c) Welche Eigenschaften verdeutlicht das Verhalten des Vaters in dieser Bildgeschichte? Beschreibe es vor allem durch treffende Verben mit entsprechenden Adverbien (z. B.: er geht zufrieden ins Haus, tritt dem Nachbarn mutig entgegen usw.).

Mit den letzten Übungen hast du zwei Möglichkeiten kennengelernt, das Verhalten einer Person darzustellen. Einmal indirekt durch wörtliche Rede in den Sprechblasentexten, dann durch Eigenschaftswörter (Adjektive oder Adverbien). Das letztere Verfahren ist direkter, du brauchst es häufig in Aufsätzen zur Beschreibung des Personenverhaltens. Abschließend eine Übersicht:

Das Verhalten von Personen

dargestellt durch **wörtliche Rede:** „Na, jetzt ist es geschafft. Da wird mein Heiner aber staunen!“	beschrieben durch Eigenschaftswörter Der Vater geht **zufrieden** und **stolz** ins Haus.
Die wörtliche Rede ist – konkreter und ausführlicher – anschaulicher – lebendiger = **indirekte** Darstellung des Verhaltens	Die Beschreibung ist – abstrakter und kürzer – allgemeiner – weniger lebendig = **direkte** Darstellung des Verhaltens
Der Leser (Betrachter) muss darüber nachdenken, was das Verhalten bedeutet.	Das Verhalten wird direkt (und meist kürzer) benannt.

Von der Verhaltensbeschreibung zur Personencharakterisierung

Bisher hast du jede einzelne Bildgeschichte als „Momentaufnahme“ von einer bestimmten Situation aufgefasst. Deshalb wurde das Verhalten der Personen vor allem durch Adverbien näher beschrieben, z. B.: „Der Vater läuft mutig ins brennende Haus.“ Mit der dritten Bildgeschichte lernst du Vater und Sohn noch ein wenig besser kennen. So kannst du schließlich etwas mehr über ihre Eigenschaften aussagen, die über die einzelne Situation hinausweisen. Verhaltensweisen und Eigenschaften, die sich mehrfach wiederholen, könnten typisch für die Personen sein.

Die Reißzwecke
von e. o. plauen

AUFGABE 4

a) Beschreibe kurz das Verhalten von Vater und Sohn (pro Bild ein bis zwei Sätze). Benutze zu den Verben wieder passende Adverbien. Manchmal bieten sich statt der Adverbien auch bildhafte Redewendungen an, z. B.: „Der Einbrecher schleicht auf Zehenspitzen (= leise) herein."

b) Vergleiche alle drei Bildgeschichten. Beschreibe in wenigen Sätzen, welche Verhaltensweisen und inneren Einstellungen bei Vater und Sohn – über die einzelne Situation hinaus – typisch sind, also zu ihren wesentlichen (gleichbleibenden) Eigenschaften gehören könnten.

Grundfragen für die Beschreibung des Personenverhaltens

Inhalt: Wovon handelt der Text (das Bild)? (**W-Fragen**)

In welcher **Ausgangssituation** befinden sich die Personen?
- Schauplatz
- Umwelt
- Handlungszeit

Wie ist das **Erscheinungsbild?**
- Gestalt, Aussehen
- Kleidung
- Alter usw.

Welche **Rollen** haben die **Personen** (als Nachbar, Freund, Schüler usw.)? In welchem **Verhältnis** stehen sie zueinander (z. B. Vater, Sohn)?

Wie **verhalten** sich die **Personen?**
- Was tun oder lassen sie?
- Wie bewegen sie sich?
- Gesichtsausdruck

Welche **Gedanken, Gefühle,** inneren **Einstellungen** sind aus dem Verhalten zu erschließen?
- Sind es momentane Einstellungen oder
- typische Eigenschaften?

Wie reagieren die Personen im **Zusammenspiel** mit anderen?

Gesamteindruck vom Verhalten einer Person bei einer „Momentaufnahme" in einer bestimmten Situation.

Die literarische Personencharakterisierung

Im Unterricht der Mittelstufe spricht man häufiger über Verhaltensweisen und Charaktereigenschaften literarischer Personen, die in Theaterstücken, Erzählungen und Filmen eine Rolle spielen. Man sucht ihr Verhalten zu verstehen und die Beweggründe, die dahinter stecken könnten. Man möchte sie durchschauen und herausfinden, welche Eigenschaften und Wesenszüge sie haben.

Natürlich ist das oft nur begrenzt möglich, über viele Einschätzungen kann man streiten, wenn sie sich nur auf Rückschlüsse und Mutmaßungen stützen. In jedem Falle jedoch muss man die Texte sehr gründlich lesen, um zu verstehen, wie literarische Figuren gestaltet sind. Dabei können dir die folgenden Begriffserklärungen helfen.

MERKE

Grundbegriffe zur literarischen Personencharakterisierung

Charakter: Das Wort bedeutet im Altgriechischen „Stempel", etwas fest Eingeprägtes. Damit sind auch heute noch die Eigenschaften eines Menschen, seine fest geprägten Wesenszüge in ihrer Gesamtheit gemeint. Eine literarische Gestalt mit unveränderlichen, unverwechselbaren persönlichen Eigenarten, z. B. Wilhelm Tell, Maria Stuart oder Götz von Berlichingen, nennt man einen Charakter.

Die Personengestaltung ist die Art und Weise, in der ein Autor seine Personen gestaltet, sie denken, sprechen und handeln lässt. Man könnte auch sagen: Der Autor charakterisiert seine Personen durch bestimmte Darstellungsmittel.

Charakterisierung: Das ist die mündliche oder schriftliche Beschreibung und Erklärung von Charaktereigenschaften eines lebenden Menschen oder einer literarischen Figur. Es ist eine Form der Texterschließung und Textbeschreibung, als Aufsatzform auch Charakteristik genannt. Man setzt sich dabei auseinander z. B. mit dem äußeren Erscheinungsbild und dem Verhalten, den Worten und Gedanken einer Person. Ziel ist es, ihre Wesenszüge zu erfassen. Charakterisieren heißt, die Eigenarten einer Person beim Namen nennen.

Direkte Charakterisierung: Die Verhaltensweisen und Wesenszüge einer Person werden direkt benannt, in einem literarischen Text ebenso wie in einem Schulaufsatz, z. B.: „Sie war ebenso klug wie bescheiden." Der Autor beschreibt und charakterisiert eine Gestalt so, wie sie der Leser sehen soll.

Die indirekte Charakterisierung ist eine andere Technik der Personengestaltung. Hier werden Eigenschaften und Charakterzüge einer Person nicht direkt genannt. Der Autor macht sie vielmehr durch ihre Verhaltensweisen, Worte oder Gedanken sichtbar. Daraus muss sie sich der Leser erschließen. Wenn z. B. in einer Bildgeschichte der kleine, rundliche Vater einem großen, gewalttätigen Nachbarn entgegentritt, so zeigt sich darin der Mut des Vaters als wesentliche Eigenschaft.

Die direkte Charakterisierung

Der Vorzugsschüler

Des Briefträgers Andreas Wanzls Söhnchen, Anton, hatte das merkwürdigste Kindergesicht von der Welt. Sein schmales, blasses Gesichtchen mit den markanten Zügen, die eine gekrümmte, ernste Nase noch verschärfte, war von einem äußerst kargen, weißgelben Haarschopf gekrönt. Eine hohe Stirn thronte ehrfurchtgebietend über dem kaum sichtbaren, weißen Brauenpaar, und darunter sahen zwei blaßblaue, tiefe Äuglein sehr altklug und ernst in die Welt. Ein Zug der Verbissenheit trotzte in den schmalen, blassen, zusammengepressten Lippen, und ein schönes, regelmäßiges Kinn bildete einen imposanten Abschluss des Gesichtes. Der Kopf stak auf einem dünnen Halse, sein ganzer Körperbau war schmächtig und zart. Zu seiner Gestalt bildeten nur die starken, roten Hände, die an den dünn-gebrechlichen Handgelenken wie lose angeheftet schlenkerten, einen sonderbaren Gegensatz.
Anton Wanzl war stets nett und reinlich gekleidet. Kein Stäubchen auf seinem Rock, kein winziges Loch im Strumpf, keine Narbe, kein Ritz

auf dem glatten, blassen Gesichtchen. Anton Wanzl spielte selten, raufte nie mit den Buben und stahl keine roten Äpfel aus Nachbars Garten. Anton Wanzl lernte nur. Er lernte vom Morgen bis spät in die Nacht. Seine Bücher und Hefte waren fein säuberlich in knatterndes, weißes Packpapier gehüllt, auf dem ersten Blatte stand in der für ein Kind seltsam kleinen, netten Schrift sein Name. Seine glänzenden Zeugnisse lagen feierlich gefaltet in einem großen, ziegelroten Kuvert dicht neben dem Album mit den wunderschönsten Briefmarken, um die Anton noch mehr als um seine Zeugnisse beneidet wurde.
Anton Wanzl war der ruhigste Junge im ganzen Ort. In der Schule saß er still, die Arme nach Vorschrift ‚verschränkt', und starrte mit seinen altklugen Äuglein auf den Mund des Lehrers. Freilich war er Primus. Ihn hielt man stets als Muster der ganzen Klasse vor, seine Schulhefte wiesen keinen roten Strich auf, mit Ausnahme der mächtigen 1, die regelmäßig unter allen Arbeiten prangte. Anton gab ruhige, sachliche Antworten, war stets vorbereitet, nie krank. Auf seinem Platz in der Schulbank saß er wie angenagelt. Am unangenehmsten waren ihm die Pausen. Da mußten alle hinaus, das Schulzimmer wurde gelüftet, nur der ‚Aufseher' blieb. Anton aber stand draußen im Schulhof, drückte sich scheu an die Wand und wagte keinen Schritt, aus Furcht, von einem der rennenden, lärmenden Knaben umgestoßen zu werden. Aber wenn die Glocke wieder läutete, atmete Anton auf. Bedächtig, wie sein Direktor, schritt er hinter den drängenden polternden Jungen einher, bedächtig setzte er sich in die Bank, sprach zu keinem ein Wort, richtete sich kerzengerade auf und sank automatenhaft wieder auf den Platz nieder, wenn der Lehrer ‚Setzen' kommandiert hatte. Anton Wanzl war kein glückliches Kind. Ein brennender Ehrgeiz verzehrte ihn. Ein eiserner Wille, zu glänzen, alle seine Kameraden zu überflügeln, rieb fast seine schwachen Kräfte auf. Vorderhand hatte Anton nur ein Ziel. Er wollte ‚Aufseher' werden.

Joseph Roth

Joseph Roth benutzt in diesem Text alle drei Möglichkeiten, eine Gestalt zu charakterisieren, die du bislang kennengelernt hast: Er beschreibt das Äußere, nennt typische Verhaltensweisen und charakterisiert auffallende Eigenschaften. Alle drei Gestaltungselemente fügen sich zu einem anschaulichen Bild der Persönlichkeit dieses „Vorzugsschülers" zusammen.

AUFGABE 1 Vervollständige die folgende Tabelle:

Aussehen	Verhalten	Eigenschaften, Charakterzüge
blasses, schmales Gesichtchen	spielte selten	altkug und ernst (Augen)
markante Züge	raufte nie	Zug der Verbissenheit
gekrümmte Nase	lernte nur	der ruhigste Junge im ganzen Ort
karger, weißgelber Haarschopf	stahl keine Äpfel	
hohe Stirn	In der Schule saß er still.	

Du wirst es bei deiner Materialsammlung gemerkt haben: Joseph Roth beschreibt viele Merkmale, die auch in einer Suchmeldung der Polizei vorkommen: Gesicht, Haare, Nase, Augen, Kinn usw. Aber er formuliert seine Beschreibung ganz anders, als es in der nüchternen Sprache der Suchmeldung üblich ist. So heißt es bei ihm z. B.:

- Sein schmales, blasses Gesichtchen …
- eine gekrümmte, ernste Nase … (verschärfte die markanten Züge)
- … war von einem äußerst kargen, weißgelben Haarschopf gekrönt.
- Eine hohe Stirn thronte ehrfurchtgebietend …
  Bedächtig, wie sein Direktor, schritt er …

Der Autor deutet hinter dem Aussehen der Person ihre Eigenschaften und Wesenszüge an. Sprachliche Darstellungsmittel sind z. B.:

1. die Verkleinerungsform
2. Adjektive, die Gefühle ausdrücken
3. bildliche (metaphorische) Ausdrücke
4. die Personifikation (sonst „thront" ein Herrscher, keine Stirn!)
5. der Vergleich

AUFGABE 2

Wie mag der „Vorzugsschüler“ sich bei einer Klassenarbeit verhalten? Setze die folgende charakterisierende Beschreibung des Verhaltens fort:

Momentaufnahmen von einem „Vorzugsschüler“ – Anton bei der Mathematikarbeit

Wie bei jeder Klassenarbeit sitzt Anton aufrecht in seiner Bank, wie angenagelt, still und beherrscht. Nur hinter der ehrfurchtgebietend hohen Stirn seines klugen Köpfchens arbeitet es unablässig – und natürlich erfolgreich.
Vor ihm liegt das von seiner kleinen, netten Schrift gezierte Heft mit den aufmunternden, neuen Erfolg verheißenden, ausgezeichneten Noten …

AUFGABE 3

Stellt J. Roth den „Vorzugsschüler“ seinen Lesern eher als Vorbild oder als abschreckendes Beispiel dar? Begründe deine Antwort mit Textbelegen.

Direkte und indirekte Charakterisierung

Beispiele der indirekten Charakterisierung hast du in den Bildgeschichten von E. O. Plauen gesehen. Aus den gezeichneten Verhaltensweisen der Personen muss der Betrachter ihre Absichten und Stimmungen erschließen. Das ist bei vielen erzählenden Texten (z.B. Kurzgeschichten), vor allem aber bei Bühnenstücken, ähnlich. Das **Zusammenspiel** von **direkter** und **indirekter Charakterisierung** lernst du im folgenden Text kennen.

Die zerrissene Hose

Werners Heinrich sagte, seine Mama hat ihm den Umgang mit mir verboten, weil ich so was Rohes in meinem Benehmen habe, und weil ich doch bald davongejagt werde. Ich sagte zu Werners Heinrich, daß ich auf seine Mama pfeife, und ich bin froh, wenn ich nicht mehr hin muß, weil es in seinem Zimmer so muffelt.
Dann sagte er, ich bin ein gemeiner Kerl, und ich gab ihm eine feste auf die Backe, und ich schmiß ihn an den Ofenschirm, daß er hinfiel.

Und dann war ihm ein Zahn gebrochen, und die Samthose hatte ein großes Loch über dem Knie.

Am Nachmittag kam der Pedell in unsere Klasse und meldete, daß ich zum Herrn Rektor hinunter soll. Ich ging hinaus und schnitt bei der Türe eine Grimasse, daß alle lachen mußten. Es hat mich aber keiner verschuftet, weil sie schon wußten, daß ich es ihnen heimzahlen würde. Werners Heinrich hat es nicht gesehen, weil er daheim blieb, weil er den Zahn nicht mehr hatte.

Sonst hätte er mich schon verschuftet.

Ich mußte gleich zum Herrn Rektor hinein, der mich mit seinen grünen Augen sehr scharf ansah. „Da bist du schon wieder, ungezogener Bube", sagte er, „wirst du uns nie von deiner Gegenwart befreien?" Ich dachte mir, daß ich sehr froh sein möchte, wenn ich den ekelhaften Kerl nicht mehr sehen muß, aber er hatte mich doch selber gerufen. „Was willst du eigentlich werden?" fragte er, „du verrohtes Subjekt? Glaubst du, daß du jemals die humanistischen Studien vollenden kannst?"

Ich sagte, daß ich das schon glaube. Da fuhr er mich aber an, und schrie so laut, daß es der Pedell draußen hörte und es allen erzählte. Er sagte, daß ich eine Verbrechernatur habe und eine katilinarische Existenz* bin, und daß ich höchstens ein gemeiner Handwerker werde, und daß schon im Altertum alle verworfenen Menschen so angefangen haben wie ich.

„Der Herr Ministerialrat Werner war bei mir", sagte er, „und schilderte mir den bemitleidenswerten Zustand seines Sohnes", und dann gab er mir sechs Stunden Karzer als Rektoratsstrafe wegen entsetzlicher Roheit. Und meine Mutter bekam eine Rechnung vom Herrn Ministerialrat, daß sie achtzehn Mark bezahlen mußte für die Hose.

Sie weinte sehr stark, nicht wegen des Geldes, obwohl sie fast keines hatte, sondern weil ich immer wieder was anfange. Ich ärgerte mich furchtbar, daß meine Mutter so viel Kummer hatte, und nahm mir vor, daß es Werners Heinrich nicht gut gehen soll.

Die zerrissene Hose hat uns der Ministerialrat nicht gegeben, obwohl er eine neue verlangte.

Am nächsten Sonntag nach der Kirche wurde ich auf dem Rektorat eingesperrt. Das war fad.

Ludwig Thoma

*) Catilina (um 108–62 v. Chr.) war das Haupt einer Verschwörung in Rom. Bismarck nannte (1862) politische Umstürzler „Catilinarische Existenzen".

MERKE

Eine literarische Person charakterisieren

1. Welche allgemeinen Lebensumstände werden erwähnt oder angedeutet (z. B. Eltern, Familie, Beruf, Alter, soziale Situation)?
2. Was sagt der Text direkt oder indirekt über das Äußere der Person?
3. Wie verhält sich die Person konkret im Text?
4. Was sagt die Person über sich oder andere? Wie sagt sie es?
5. Welche Gedanken werden den Lesern bekannt?
6. Wer äußert sich sonst über die Gestalt – und wie?
7. Wird die Figur vorwiegend direkt oder indirekt charakterisiert?
8. Welche Meinung kann ich mir über die Person bilden?

Halte dich bei der nächsten Aufgabe an die Reihenfolge dieser Fragen, dann vermittelst du dem Leser rasch einen Eindruck von der charakterisierten Person. Du musst also die Reihenfolge, in der die Informationen im Text aufeinander folgen, ändern.

AUFGABE 4

a) Markiere und notiere alle Textstellen, in denen der Ich-Erzähler direkt (von anderen Personen) charakterisiert wird.

b) Markiere und notiere alle Informationen, die der Ich-Erzähler selbst (indirekt) über sein Verhalten und seine Worte gibt.

c) Fasse deine Beobachtungsergebnisse in einem Aufsatz zusammen: Wie wird der Ich-Erzähler direkt und indirekt im Text charakterisiert?

4 Charakterisierung einer Bühnenfigur (I)

Die Vorgehensweise

Drei wesentliche Etappen auf dem Weg zur Personencharakterisierung hast du bereits zurückgelegt: Du weißt, wie man das **Erscheinungbild** und das **Verhalten** einer Person beschreibt, und du hast erste Möglichkeiten der **Charakterisierung** einer Person kennengelernt. Bisher waren dein Ausgangsmaterial Bilder, Bildgeschichten und kurze Texte, um den Eigenarten verschiedener Figuren auf die Spur zu kommen. Nun wirst du den Umgang mit einem längeren Text trainieren. Es ist der wesentliche Teil der ersten Szene aus Schillers Drama „Wilhelm Tell“. Dieses bekannte Bühnenstück wird meist im 8. Schuljahr gelesen.

Die Arbeitsverfahren zur Spurensuche wechseln. Mal nimmst du mehrere Personen in einer kurzen Textstelle genauer unter die Lupe, z. B. um einen Interessenkonflikt zu erkennen. Dann wieder verfolgst du eine Person durch die ganze Szene und bis in spätere Aufzüge hinein. Dabei trainierst du die bereits erprobten Techniken der Texterschließung und lernst neue kennen. Du erinnerst dich:

MERKE

1. Am Anfang steht die Untersuchungsfrage.
2. Die Antworten, die der Text gibt, werden markiert.
3. Stichwortnotizen halten die Beobachtungen fest.
4. Eine Stichwortgliederung gibt das Gerüst für den Aufsatz.
5. Die Beobachtungsergebnisse werden in einem Aufsatz zusammengefasst.

Du sparst Zeit und gewinnst einen besseren Überblick, wenn du für jede neue Übung ein gesondertes Blatt benutzt. So kannst du dein Vorbereitungsmaterial übersichtlicher anordnen.

Informationen zur Dramenhandlung

Schillers Drama „Wilhelm Tell“ hat verschiedene Stoffquellen. Dazu gehört einerseits die Sage von Wilhelm Tell, einem Schweizer Freiheitshelden, der aber als historische Person nicht bezeugt ist, so wenig wie ein Landvogt namens Geßler. Andererseits bilden tatsächliche geschichtliche Ereignisse aus der Zeit des 13. bis 15. Jahrhunderts den Hintergrund des Dramas. Die Rede ist von den Bemühungen mehrerer Schweizer Kantone (Gebiete), sich in verschiedenen Kämpfen von der Herrschaft des österreichischen Kaisers zu befreien und sich zu einem Bund, einer „Eidgenossenschaft“, zusammenzuschließen.
Wie brutal die kaiserlichen Landvögte und Burgherren ihre Macht oft ausübten, das erfährst du schon im ersten Aufzug (I), in der ersten Szene (1) des Dramas (I, 1). Dort stellt Schiller die unrechtmäßigen, gewaltsamen Übergriffe des Burgvogts Wolfenschießen und ihre Folgen anschaulich dar. Das ist die Szene, mit der du dich genauer auseinander setzen sollst.
Im **Personenverzeichnis** werden bereits die auftretenden Personen dieser Szene genannt:

Wilhelm Tell
Kuoni, der Hirte
Werni, der Jäger
Ruodi, der Fischer } Landleute aus Uri
Konrad Baumgarten – aus Unterwalden

Sie werden nicht näher beschrieben. Damit du dir ihr Äußeres besser vorstellen kannst, sind hier zwei Holzschnitte abgebildet. Du kannst sehen, wie sich die Menschen im Spätmittelalter kleideten, jeder nach seinem Stande, seiner Stellung in der spätmittelalterlichen Gesellschaft. Auf dem Bild unten kniet vorn gerade ein Bauer nieder, hinter ihm steht ein Schäfer. So könnte man sich Baumgarten und Kuoni vorstellen.

Dieses Bild zeigt die Szene, in der Wilhelm Tell auf Befehl des grausamen Landvogts Geßler mit seiner Armbrust einen Apfel vom Kopf des eigenen Kindes schießen muss. Auch hier siehst du Menschen in der typischen Kleidung des späten Mittelalters.

Den Schauplatz der ersten Szene beschreibt Schiller in einer Regieanweisung (gekürzt) mit folgenden Worten:

> „Hohes Felsenufer des Vierwaldstättersees, Schwyz gegenüber. Der See macht eine Bucht ins Land, eine Hütte ist unweit dem Ufer, Fischerknabe fährt sich in einem Kahn. Über den See hinweg sieht man die grünen Matten, Dörfer und Höfe von Schwyz im hellen Sonnenschein liegen. Zur Linken des Zuschauers zeigen sich die Spitzen des Haken, mit Wolken umgeben; zur Rechten im fernen Hintergrund sieht man die Eisgebirge (…)“

Einige dieser Bildelemente sind auch auf dem Holzschnitt oben zu erkennen: ein hohes Felsenufer, links davon ein See mit einem Fischerboot. Ganz im Hintergrund sieht man sehr hohe Berge, auf dem Felsen rechts im Bild steht eine Ritterburg. So ähnlich könnte man sich die Zwingburg des Vogts Wolfenschießen vorstellen.

Nach diesen Vorinformationen kannst du dir vielleicht eher vorstellen, wie es auf der Bühne aussieht, wenn die erste Szene gespielt wird, welche Landschaft die Kulissen abbilden und welche Kostüme die Personen tragen.
Schiller sagt nichts darüber, wie die Gestalten im einzelnen aussehen, ob sie groß sind oder klein, alt oder jung usw. Deshalb brauchst du dich bei den folgenden Übungen kaum mit dem Äußeren der Personen zu beschäftigen. Es kommt vielmehr darauf an, ein Bild von ihrem Innenleben zu gewinnen, ihre Absichten und Interessen, Konflikte, Gefühle und Stimmungen herauszufinden. Daraus kannst du Eigenschaften und Charakterzüge der handelnden Figuren erschließen: das ist eine Hauptaufgabe jeder weiterführenden Personencharakterisierung. Lies nun die Szene durch und versuche, dir den Inhalt möglichst konkret und anschaulich vorzustellen.

Friedrich Schiller „Wilhelm Tell"
(Erster Aufzug, erste Szene [Anfang gekürzt])

(Die Landschaft verändert sich, man hört ein dumpfes Krachen von den Bergen, Schatten von Wolken laufen über die Gegend. Ruodi der Fischer kommt aus der Hütte, Werni der Jäger steigt vom Felsen, Kuoni der Hirt kommt mit dem Melknapf auf der Schulter. Seppi, sein Handbube, folgt ihm.)

RUODI: Mach hurtig, Jenni. Zieh die Naue ein.
Der graue Talvogt kommt, dumpf brüllt der Firn,
Der Mythenstein zieht seine Haube an,
Und kalt her bläst es aus dem Wetterloch;
Der Sturm, ich mein, wird da sein, eh' wir's denken.
KUONI: 's kommt Regen, Fährmann. Meine Schafe fressen
Mit Begierde Gras, und Wächter scharrt die Erde.
WERNI: Die Fische springen, und das Wasserhuhn
Taucht unter. Ein Gewitter ist im Anzug.
(...)
RUODI: Dort kommt ein Mann in voller Hast gelaufen.
WERNI. Ich kenn ihn, 's ist der Baumgart von Alzellen.
(Konrad Baumgarten atemlos hereinstürzend.)
BAUMGARTEN:
Um Gottes willen, Fährmann, Euren Kahn!
RUODI: Nun, nun, was gibt's so eilig?
BAUMGARTEN: Bindet los!
Ihr rettet mich vom Tode! Setzt mich über!
KUONI: Landsmann, was habt Ihr?
WERNI: Wer verfolgt Euch denn?

BAUMGARTEN *(zum Fischer):*
Eilt, eilt, sie sind mir dicht schon an den Fersen!
Des Landvogts Reiter kommen hinter mir,
Ich bin ein Mann des Tods, wenn sie mich greifen.
RUODI: Warum verfolgen Euch die Reisigen?
BAUMGARTEN:
Erst rettet mich, und dann steh ich Euch Rede.
WERNI: Ihr seid mit Blut befleckt, was hat's gegeben?
BAUMGARTEN:
Des Kaisers Burgvogt, der auf Roßberg saß –
KUONI: Der Wolfenschießen! Lässt Euch der verfolgen!
BAUMGARTEN:
Der schadet nicht mehr, ich hab ihn erschlagen.
ALLE *(fahren zurück):*
Gott sei Euch gnädig! Was habt Ihr getan?
BAUMGARTEN: Was jeder freie Mann an meinem Platz!
Mein gutes Hausrecht hab ich ausgeübt
Am Schänder meiner Ehr' und meines Weibes.
KUONI: Hat Euch der Burgvogt an der Ehr' geschädigt?
BAUMGARTEN:
Dass er sein bös Gelüsten nicht vollbracht,
Hat Gott und meine gute Axt verhütet.
WERNI: Ihr habt ihm mit der Axt den Kopf zerspalten?
KUONI: O lasst uns alles hören, Ihr habt Zeit,
Bis er den Kahn vom Ufer losgebunden.
BAUMGARTEN:
Ich hatte Holz gefällt im Wald, da kommt
Mein Weib gelaufen in der Angst des Todes:
Der Burgvogt lieg' in meinem Haus, er hab'
Ihr anbefohlen, ihm ein Bad zu rüsten.
Drauf hab' er Ungebührliches von ihr
verlangt; sie sei entsprungen, mich zu suchen.
Da lief ich frisch hinzu, so wie ich war,
Und mit der Axt hab ich ihm's Bad gesegnet.
WERNI:
Ihr tatet wohl, kein Mensch kann Euch drum schelten.
KUONI: Der Wüterich! Der hat nun seinen Lohn!
Hat's lang verdient ums Volk von Unterwalden.
BAUMGARTEN:
Die Tat ward ruchtbar, mir wird nachgesetzt –
Indem wir sprechen – Gott – verrinnt die Zeit –
(Es fängt an zu donnern.)

KUONI:
Frisch, Fährmann – Schaff den Biedermann hinüber.
RUODI: Geht nicht. Ein schweres Ungewitter ist
Im Anzug. Ihr müsst warten.
BAUMGARTEN: Heil'ger Gott!
Ich kann nicht warten. Jeder Aufschub tötet –
KUONI *(zum Fischer)*:
Greif an mit Gott! Dem Nächsten muss man helfen,
Es kann uns allen Gleiches ja begegnen.
(Brausen und Donnern.)
RUODI:
Der Föhn ist los, Ihr seht, wie hoch der See geht,
Ich kann nicht steuern gegen Sturm und Wellen.
BAUMGARTEN *(umfasst seine Knie)*:
So helf' Euch Gott, wie Ihr Euch mein erbarmet –
WERNI: Es geht ums Leben, sei barmherzig, Fährmann.
KUONI: 's ist ein Hausvater, und hat Weib und Kinder!
(Wiederholte Donnerschläge.)
RUODI: Was? Ich hab auch ein Leben zu verlieren,
Hab Weib und Kind daheim, wie er – Seht hin,
Wie's brandet, wie es wogt und Wirbel zieht
Und alle Wasser aufrührt in der Tiefe.
– Ich wollte gern den Biedermann erretten,
Doch es ist rein unmöglich, Ihr seht selbst.
BAUMGARTEN *(noch auf den Knien)*:
So muss ich fallen in des Feindes Hand.
Das nahe Rettungsufer im Gesichte!
– Dort liegt's! Ich kann's erreichen mit den Augen,
Hinüberdringen kann der Stimme Schall,
Da ist der Kahn, der mich hinübertrüge,
Und muss hier liegen, hilflos, und verzagen!
KUONI: Seht, wer da kommt!
WERNI: Es ist der Tell aus Bürglen.
(Tell mit der Armbrust.)
TELL: Wer ist der Mann, der hier um Hilfe fleht?
KUONI: 's ist ein Alzeller Mann, er hat sein' Ehr'
Verteidigt und den Wolfenschieß erschlagen,
Des Königs Burgvogt, der auf Roßberg saß –
Des Landvogts Reiter sind ihm auf den Fersen,
Er fleht den Schiffer um die Überfahrt,
Der fürcht't sich vor dem Sturm und will nicht fahren.

RUODI: Da ist der Tell, er führt das Ruder auch,
Der soll mir's zeugen, ob die Fahrt zu wagen.
TELL: Wo's not tut, Fährmann, lässt sich alles wagen.
(Heftige Donnerschläge, der See rauscht auf.)
RUODI: Ich soll mich in den Höllenrachen stürzen?
Das täte keiner, der bei Sinnen ist.
TELL: Der brave Mann denkt an sich selbst zuletzt,
Vertrau auf Gott und rette den Bedrängten.
RUODI: Vom sichern Port lässt sich's gemächlich raten.
Da ist der Kahn und dort der See! Versucht's!
TELL: Der See kann sich, der Landvogt nicht erbarmen,
Versuch es, Fährmann!
HIRTEN UND JÄGER: Rett ihn! Rett ihn! Rett ihn!
RUODI: Und wär's mein Bruder und mein leiblich Kind,
Es kann nicht sein, 's ist heut Simons und Judä,
Da rast der See und will sein Opfer haben.
TELL: Mit eitler Rede wird hier nichts geschafft,
Die Stunde dringt, dem Mann muss Hilfe werden.
Sprich, Fährmann, willst du fahren?
RUODI: Nein, nicht ich!
TELL: In Gottes Namen denn! Gib her den Kahn,
Ich will's mit meiner schwachen Kraft versuchen.
KUONI: Ha, wackrer Tell!
WERNI: Das gleicht dem Weidgesellen!
BAUMGARTEN:
Mein Retter seid Ihr und mein Engel, Tell!
TELL: Wohl aus des Vogts Gewalt errett ich Euch,
Aus Sturmes Nöten muss ein andrer helfen.
Doch besser ist's, Ihr fallt in Gottes Hand
Als in der Menschen!
(Zu dem Hirten.) Landsmann, tröstet Ihr
Mein Weib, wenn mir was Menschliches begegnet,
Ich hab getan, was ich nicht lassen konnte.
(Er springt in den Kahn.)
KUONI *(zum Fischer):*
Ihr seid ein Meister-Steuermann. Was sich
Der Tell getraut, das konntet Ihr nicht wagen?
RUODI: Wohl bessre Männer tun's dem Tell nicht nach,
Es gibt nicht zwei, wie der ist, im Gebirge.
WERNI *(ist auf den Fels gestiegen):*
Er stößt schon ab. Gott helf' dir, braver Schwimmer!
Sieh, wie das Schifflein auf den Wellen schwankt!

KUONI *(am Ufer):*
Die Flut geht drüber weg – Ich seh's nicht mehr.
Doch halt, da ist es wieder! Kräftiglich
Arbeitet sich der Wackre durch die Brandung.
SEPPI: Des Landvogts Reiter kommen angesprengt.
KUONI: Weiß Gott, sie sind's! das war Hilf' in der Not.
(Ein Trupp Landenbergischer Reiter.)
ERSTER REITER:
Den Mörder gebt heraus, den ihr verborgen.
ZWEITER: Des Wegs kam er, umsonst verhehlt ihr ihn.
KUONI und RUODI:
Wen meint ihr, Reiter?
ERSTER REITER *(entdeckt den Nachen):*
Ha, was seh ich! Teufel!
WERNI *(oben):*
Ist's der im Nachen, den ihr sucht? – Reit zu!
Wenn ihr frisch beilegt, holt ihr ihn noch ein.
ZWEITER:
Verwünscht! Er ist entwischt.
ERSTER *(zum Hirten und Fischer):*
Ihr habt ihm fortgeholfen,
Ihr sollt uns büßen – Fallt in ihre Herde!
Die Hütte reißet ein, brennt und schlagt nieder!
(Eilen fort.)
SEPPI *(stürzt nach):*
O meine Lämmer!
KUONI *(folgt):* Weh mir! Meine Herde!
WERNI: Die Wütriche!
RUODI *(ringt die Hände):* Gerechtigkeit des Himmels,
Wann wird der Retter kommen diesem Lande?
(Folgt ihnen.)

Einen Interessenkonflikt erschließen

In einer Dramenszene treffen meist mehrere Personen zusammen. Mit dem, was sie sagen und tun, verbinden sich bestimmte Interessen. Stehen diese Interessen gegeneinander, so kann es zu Konflikten (Streitigkeiten) kommen. Einen solchen dramatischen Konflikt zeigt auch unser Szenenausschnitt, in dem ein Bauer, auf der Flucht vor unbarmherzigen Verfolgern, bei den Landleuten, die sich vor dem Gewitter in Sicherheit bringen wollen, atemlos Hilfe sucht. Wer die nun entstehenden **Interessenkonflikte** verstehen will, muss ich zunächst den **Handlungsablauf**, den Inhalt der Szene, vergegenwärtigen.

AUFGABE

1 Ergänze die Stichwortgliederung der Szene (I, 1) in Stichworten ab Punkt 4.

1. **Ein Gewitter naht** (V. 40–45)
   - drei Landleute beobachten Natur
   - erkennen nahendes Unwetter
   - stellen sich darauf ein
2. **Ein Hilfesuchender: der Bauer Baumgarten** (V. 65–80)
   - Baumgarten hastet atemlos herbei
   - bittet um Hilfe zur Flucht
   - Fährmann könnte ihn retten
   - Fragen der Landleute
3. **Baumgartens Bericht** (V 81–101)
   - Gründe für Flucht und Verfolgung
   - allmähliche Informationen (nach Fragen der Landleute)
   - des Burgvogts Übergriff
   - Totschlag zur Verteidigung der Familie
   - Zustimmung der Zuhörer
4. **Baumgarten bittet eindringlich um Hilfe** (V 102–125)
   –
   usw.
5. **Tell als Fürsprecher Baumgartens** (V. 127–150)
   –
   usw.
6. **Tells Rettungsaktion** (V. 151–171)

In den Zeilen 102–125 prallen unterschiedliche Meinungen und Interessen besonders deutlich aufeinander.

Baumgarten wird verfolgt. ← **Ausgangssituation** → **Ein Gewitter naht.**

Was tut Baumgarten? Wie reagieren Kuoni und Werni?	Was tut und sagt Ruodi?
Baumgarten bittet um Hilfe. Z. 102/103 Kuoni unterstützt Baumgarten. Z. 103	
	Ruodi verweigert Hilfe, Grund: Gewitter droht. Z. 104f.
Baumgarten bittet eindringlich. Z. 105 Kuoni fordert Hilfe von Ruodi. Z. 106/107	
	Ruodi verweigert Hilfe, Grund: Sturm und Wellen. Z. 109/110
Baumgarten fleht Ruodi kniefällig um Hilfe an. Werni und Kuoni unterstützen ihn. Z. 111ff.	
	Ruodi verweigert verweigert Hilfe weiterhin, Gründe: – eigene Familie – Gefahr durch Unwetter. Z. 114ff.
Baumgarten (auf Knien) sieht im Kahn die letzte Hoffnung. Z. 121	

Baumgarten ist in höchster Todesnot, braucht Ruodis Hilfe.	Der Interessenkonflikt spitzt sich im Gespräch zu. Die Zeit drängt.	Ruodi verweigert Hilfe zur Flucht aus mehreren Gründen.

AUFGABE 2

a) Beschreibe in wenigen Sätzen, wie sich der Interessenkonflikt zuspitzt. Nutze dazu die Tabelle auf S. 91.

b) Umrande alle Regieanweisungen zur Entwicklung des Unwetters. Fasse kurz zusammen, welche Rolle das Gewitter im Interessenkonflikt spielt.

MERKE

Arbeitsfragen zur Ermittlung der Konfliktsituation:

- Von welcher Situation gehen die Konfliktpartner aus?
- Was tut oder sagt die eine Interessengruppe?
- Was tut oder sagt die andere Interessengruppe?
- Wie begründen beide ihre Haltung?
- In welche Richtung entwickelt sich der Konflikt, verschärft er sich oder deutet sich eine Lösung an?

Auf den Spuren einer Figur

Im letzten Abschnitt hast du Verhalten, Worte und Meinungen mehrerer Figuren in einer Situation (an einer kurzen Textstelle) untersucht. Jetzt verfolgst du eine Figur durch die ganze Szene.
Damit dir der Zugang anschaulicher wird, folgt hier eine kleine Hilfe. Bis auf die Worte Wernis und Kuonis wurden die Worte aller übrigen Handelnden aus der Szene gestrichen. So kannst du dich besser auf eine Gestalt (Kuoni) konzentrieren.

Der Nachteil ist, dass du das Zusammenspiel mit den übrigen Figuren nicht genau siehst. Beachte deshalb vier Arbeitsschritte:

1. Lies beim ersten Durchgang die Szene vollständig (S. 85ff.). Dann kennst du inhaltlich das Zusammenspiel aller Figuren im Text.
2. Notiere dann Verhalten, Worte und Gedanken (Absichten, Meinungen) einer Figur in Stichworten. So kannst du sie leichter charakterisieren.
3. Prüfe das Zusammenspiel aller Figuren im vollständigen Text.
4. Verfolge nochmals die Spuren einer Figur und kürze deine Stichwortnotizen.

Arbeitsfrage: Welche Rolle spielt Kuoni in der Szene?	Stichwortnotizen
KUONI: 's kommt Regen, Fährmann. Meine Schafe fressen Mit Begierde Gras, und Wächter scharrt die Erde. (...) *(Konrad Baumgarten atemlos hereinstürzend.)* (...)	Kuoni kennt Natur und Wetter
KUONI: Landsmann, was habt Ihr? WERNI: Wer verfolgt Euch denn? (...)	Neugier oder Anteilnahme?
KUONI: Der Wolfenschießen! Lässt Euch der verfolgen? (...)	
Alle *(fahren zurück)*: Gott sei Euch gnädig! Was habt Ihr getan? (...)	Alle erschrecken
KUONI: Hat Euch der Burgvogt an der Ehr' geschädigt? (...) WERNI: Ihr habt ihm mit der Axt den Kopf zerspalten?	
KUONI: O lasst uns alles hören, Ihr habt Zeit, Bis er den Kahn vom Ufer losgebunden. (...)	Kuoni fragt nach Hintergründen
WERNI: Ihr tatet wohl, kein Mensch kann Euch drum schelten.	
KUONI: Der Wüterich! Der hat nun seinen Lohn! Hat's lang verdient ums Volk von Unterwalden. (...)	Urteilt besonnen
KUONI: Frisch, Fährmann – Schaff den Biedermann hinüber.	
KUONI (zum Fischer): Greif an mit Gott! Dem Nächsten muss man helfen, Es kann uns allen Gleiches ja begegnen. *(Brausen und Donnern.)* (...)	Eindringliche Aufforderung mit guter Begründung

Werni: Es geht ums Leben, sei barmherzig, Fährmann.
Kuoni: 's ist ein Hausvater, und hat Weib und Kinder!
(Wiederholte Donnerschläge.)
(…)
Kuoni: Seht, wer da kommt!
Werni: Es ist der Tell aus Bürglen.
(Tell mit der Armbrust.)
(…)
Kuoni: 's ist ein Alzeller Mann, er hat sein' Ehr'
Verteidigt und den Wolfenschieß erschlagen,
Des Königs Burgvogt, der auf Roßberg saß –
Des Landvogts Reiter sind ihm auf den Fersen,
Er fleht den Schiffer um die Überfahrt,
Der fürcht't sich vor dem Sturm und will nicht fahren.
(…)
Hirten und Jäger: Rett ihn! Rett ihn! Rett ihn!
(…)
Kuoni: Ha, wackrer Tell!
Werni: Das gleicht dem Weidgesellen!
(…)
Kuoni *(zum Fischer)*:
Ihr seid ein Meister-Steuermann. Was sich
Der Tell getraut, das konntet *Ihr* nicht wagen?
(…)
Werni *(ist auf den Fels gestiegen)*:
Er stößt schon ab. Gott helf' dir, braver Schwimmer!
Sieh, wie das Schifflein auf den Wellen schwankt!
Kuoni *(am Ufer)*:
Die Flut geht drüber weg – Ich seh's nicht mehr.
Doch halt, da ist es wieder! Kräftiglich
Arbeitet sich der Wackre durch die Brandung.
Seppi: Des Landvogts Reiter kommen angesprengt.
Kuoni: Weiß Gott, sie sind's! das war Hilf' in der Not.
(Ein Trupp Landenbergischer Reiter.)

AUFGABE 3

a) Bearbeite nach dem Muster auf S. 93 die weiteren Dialogteile Kuonis.

b) Fasse die Stichwortnotizen in einer kurzen Textbeschreibung zusammen; zitiere dabei wichtige Textstellen.

Die Vorarbeiten zu einem Aufsatz zusammenfügen

In einer Reihe texterschließender Vorarbeiten hast du das Material zur Charakterisierung einer Bühnenfigur zusammengetragen:

- Stichwortgliederung zum Inhalt
- Notizen zum Interessenkonflikt mehrerer Personen
- Verhaltensweisen, Worte und Gedanken einer Person
- Beobachtungen zur Rolle der Regieanweisungen (Gewitter)
- Zusammenfassung erster Beobachtungen in vollständigen Sätzen

Das folgende Aufsatzbeispiel ist die erste Hälfte der Personencharakterisierung Kuonis. Damit du die Machart leichter durchschaust, sagen dir die Randbemerkungen, worauf sich die Erkenntnisse über Kuoni stützen.

Der Hirte Kuoni – Charakteristik

Der Hirte Kuoni gehört zu den drei Landleuten, die zu Beginn der ersten Szene des Tell-Dramas auftreten. Sie sind dabei, sich vor einem nahenden Unwetter in Sicherheit zu bringen, als plötzlich Baumgarten herbeistürzt. Er ist auf der Flucht. Kuoni wird bei der kommenden Hilfsaktion eine wichtige Rolle spielen.

Einleitung
Kurze Zusammenfassung des Inhalts: Ausgangssituation des Dramas und der Szene

Was ist dieser Kuoni für ein Mensch?
Man kann das im Verlauf der Szene ganz gut aus seinem Verhalten, seinen Worten und seinen inneren Regungen erschließen.
Als Hirte ist er in der Natur zu Hause. Man sieht es an seiner Beobachtungsgabe. Früh erkennt er, dass sich das Wetter ändern wird:
V. 42: „'s kommt Regen, Fährmann. Meine Schafe fressen
Mit Begierde Gras, und Wächter scharrt die Erde."

Hauptteil
Ausgangsfrage (Themenbezug)
Beschreibungsmerkmale Beruf, Sachkenntnisse, Fähigkeiten zusammengefasst

Auch die folgenden Regieanweisungen bestätigen seinen Eindruck vom Wetter, und wie der Jäger Werni und der Fischer Ruodi richtet er sich darauf ein.

kennt Natur

Da stürzt der verfolgte Baumgarten herbei. Während Ruodi ihn zunächst zu beruhigen versucht, fragt Kuoni interessiert nach:	Inhaltshinweis
V. 70: „Landsmann, was habt ihr?"	Kuoni fragt
Dabei redet er ihn direkt an. Natürlich weiß man als Leser oder Zuschauer noch nicht, ob er aus Neugier oder aus innerer Anteilnahme fragt.	innere Regung: Neugier oder Anteil nahme?
Während die anderen nachfragen, warum es Baumgarten so eilig hat, hört Kuoni zu.	Kuoni hört zu
Als er erfährt, dass Baumgarten Ärger mit dem Burgvogt Wolfenschießen hatte, fragt er erstaunt nach und will mehr wissen. Dabei nimmt er Baumgartens Worte auf:	fragt nach, will alles genau wissen
V. 84: „Hat Euch der Burgvogt an der Ehr' geschädigt?"	
Dann will er alles wissen. Er beruhigt den Verfolgten ein wenig und erfährt den Hergang der Ereignisse.	
Nachdem er die Zusammenhänge und Hintergründe kennt, sagt er, zornig über den Burgvogt: *V. 99:* „Der Wüterich! Der hat nun seinen Lohn!"	kennt Zusammenhänge, wird zornig
Hatte er sich bisher fragend und abwartend verhalten, so steht er nun ganz auf Baumgartens Seite und setzt sich voll für ihn ein:	Kuonis Entwicklung in der Szene
V. 103: „Frisch, Fährmann – Schaff den Biedermann hinüber."	

AUFGABE 4

a) Benutze deine bisherigen Stichwortnotizen zur Person des Kuoni und setze die Personencharakteristik fort bis zum Ende der Szene.

b) Schreibe einen Schluss zu deinem Aufsatz. Er könnte deinen Gesamteindruck von Kuoni zusammenfassen. Du kannst vergleichend auch eine andere Gestalt kurz heranziehen, z. B. Werni oder Ruodi.

MERKE

Auf welche Belege kann sich eine Charakterisierung stützen?

1. Hinweise auf das konkrete Verhalten einer Person, z. B.: Kuonis Beobachtungsgabe (V. 42f.), wenn er aus dem Verhalten der Tiere aufs Wetter schließt
   er fragt, hört zu, spricht direkt an usw.

2. Zusammenfassung oder Bewertung des Verhaltens einer Person, z. B.:
   Kuoni fragt interessiert nach
   Kuoni redet direkt an
   ... sagt er, zornig über ...

3. Vergleiche zwischen verschiedenen Personen, z. B.:
   Während Ruodi ihn zu beruhigen versucht, fragt Kuoni interessiert nach.
   Während die anderen nachfragen, hört er zu.

4. Wörtliche Textzitate zu Gedanken, Worten und Verhaltensweisen einer Person bestätigen einzelne Beobachtungen und Erklärungen.

5. Sie sind Belegstellen und sollen nachweisen, dass die im Aufsatz vertretene Charakterisierung einer Person (oder die Deutung einer Textstelle) stimmt. Beispiel: „Kuoni beruhigt den Verfolgten ein wenig, als er sagt: „Ihr habt Zeit, / Bis er den Kahn vom Ufer losgebunden!“

6. Zitate sind eine Art Selbstkontrolle beim Schreiben. Man lässt sich den Originaltext noch einmal intensiv durch den Kopf gehen und kann dabei prüfen, ob man den Sinn richtig verstanden hat. Beispiel: „‚Landsmann, was habt Ihr?‘ fragt Kuoni aus Neugier oder Anteilnahme.“

Beachte: Zitate sind überflüssig, wo sie nur den Inhalt einer Aussage wiederholen und keine neuen Informationen bieten. Beispiel: „Kuoni sagt anfangs, es komme Regen (V. 42 ,’s kommt Regen‘).“

5 Charakterisierung einer Bühnenfigur (II)

Die Sprache einer Bühnenfigur

Zunächst eine Vorbemerkung: Kann Sprache, können z. B. Wortwahl und Satzbau etwas über die Eigenarten einer literarischen Figur aussagen? Für ein Drama wie Schillers „Wilhelm Tell“ lässt sich diese Frage nur sehr eingeschränkt beantworten, denn die Figuren sprechen in Blankversen. Das ist eine Kunstsprache. Es sind reimlose, in der Regel fünfhebige Jamben, wie sie zu Schillers Zeiten für Bühnenstücke üblich waren. Im Alltag spricht natürlich kein Mensch so, schon gar nicht ein einfacher Hirte. Auch müsste man die Worte auf der Bühne erst gesprochen hören, ihre Betonung im Einzelfall kennen, bevor man etwas über die Figur daraus ablesen kann.
Trotz der Einwände lohnt sich ein Blick auf die Worte, die Schiller seinen Bühnenfiguren in den Mund gelegt hat. Was verraten sie über Stimmungen oder Gedanken, Absichten oder innere Einstellungen der jeweils sprechenden Figur? In der folgenden Tabelle sind einige sprachliche Formulierungen Kuonis zusammengetragen.

AUFGABE 1 Ergänze die Tabelle.

Wortlaut des Textes	sprachliche Mittel	Aussageabsicht des Autors, Wirkung des Textes
„Der Wolfenschießen!“	Ausruf (unvollständiger Satz)	Erstaunen, Erschrecken über den gefährlichen Gegner des Verfolgten
„Der Wüterich!“		
„Frisch, Fährmann …“		
„Ha, wackrer Tell!“		
„Ihr seid ein Meister-Steuermann.“		

AUFGABE 2

Was verrät die Sprache über Kuonis Interesse am Schicksal Baumgartens? Fasse deine Beobachtungen in einem Abschnitt zusammen. Er könnte z. B. am Ende des Hauptteils in eine Charakteristik eingefügt werden.

Die von den Handelnden in einem Theaterstück gesprochenen Worte (Dialoge oder Monologe) nennt man **Haupttext.** Es ist das, was die Zuschauer hören. Alles Übrige, das ein Autor dazuschreibt, z. B. den Titel, das Personenverzeichnis, alle Sprechanweisungen usw. nennt man **Nebentext.** Dazu gehören vor allem auch die Bühnen- oder Regieanweisungen. Sie sagen, wie sich der Autor den Schauplatz und das Bühnenbild vorstellt, die Kleidung und Ausstattung der Figuren oder ihre Sprechweise. Diese Bühnenanweisungen stehen meist in Klammern im Text. Sie können für die Charakterisierung einer Bühnenfigur sehr wichtig sein.

Gegenseitige Charakterisierung von Bühnenfiguren

Du hast gesehen, wie sich Bühnenfiguren im Dialog gegenseitig direkt charakterisieren können. Kuoni z. B. sagt ganz direkt, was er von dem zögernden Fährmann hält: „Der fürcht't sich vor dem Sturm und will nicht fahren" (V. 133). Nicht minder deutlich, aber indirekt, wirft der verfolgte Baumgarten in seiner Not dem Fährmann die verweigerte Hilfeleistung vor: „Da ist der Kahn, der mich hinübertrüge, Und muss hier liegen, hilflos, und verzagen." (V. 124) Im Verlauf einer Szene summieren sich solche Aussagen und Verhaltensweisen. Dadurch entsteht allmählich ein mehr oder minder bestimmtes Bild von einer Figur. Dieses Bild wird um so deutlicher, je mehr es sich vom Bild anderer Bühnenfiguren unterscheidet. Den Blick dafür kannst du dir in der nächsten Übung schärfen:

AUFGABE 3

Wie schneidet der Fährmann Ruodi im Urteil der Leser oder Zuschauer ab, wenn man sein Verhalten mit dem anderer in der 1. Szene vergleicht? (Wenige Sätze genügen.)

MERKE

Charakterisierungsmöglichkeiten

1. Direkte Charakterisierung
   Eine Figur beurteilt (z. B. durch Lob oder Tadel) eine andere direkt, indem sie über sie etwas sagt (z. B. „Der fürcht't sich", V. 133), oder zu ihr spricht („Ihr tatet wohl", V. 98).
   Eine Figur charakterisiert ihr Denken, Fühlen oder Handeln selbst, z. B.: „Ich will's mit meiner schwachen Kraft versuchen" (V. 152)

2. Indirekte Charakterisierung
   Das Verhalten einer anderen Bühnenfigur wird durch indirekte Hinweise auf ihr Tun und Lassen verdeutlicht, z. B. Baumgarten (auf den Knien): „Da ist der Kahn, der mich hinübertrüge, Und muss hier liegen, hilflos, und verzagen!" (V. 124f.). Er wirft Ruodi damit indirekt die unterlassene Hilfeleistung vor. Eine Figur charakterisiert sich durch ihr Reden und Handeln, ohne Eigenschaften oder Charakterzüge direkt zu nennen.

3. Charakterisierung durch indirekten Vergleich
   Der Autor stellt die Bühnenfiguren in einer bestimmten Gruppierung auf die Bühne. Der Leser (Zuschauer) vergleicht sie, auch über das Reden und Handeln einer einzelnen Figur hinaus. So erscheint z. B. Ruodis verweigerte Hilfeleistung um so härter, als ihn nicht nur der Verfolgte darum bittet, sondern auch alle anderen Personen der Szene. Er erscheint um so furchtsamer, weil Tell es schließlich doch mit Wind und Wetter aufnimmt und beweist, dass das möglich ist.

Die Entwicklung einer Bühnenfigur

Für die Zuschauer ist sicherlich Baumgarten in der ersten Szene die interessanteste Figur: Wird er gerettet? Entkommt er seinen Häschern? Das wirst du dich wohl auch gefragt haben. Dann rückt natürlich auch die Frage nach Ruodis Verhalten in den Vordergrund: Wird er sich zur Hilfeleistung entschließen?

Wenn man eine Gestalt über die einzelne Szene hinaus kennengelernt hat, dann erst lassen sich die Vermutungen über ihre typischen Eigenschaften und Charakterzüge etwas genauer bestimmen. Das wollen wir am Beispiel Baumgartens kurz versuchen.

Baumgarten tritt noch in zwei weiteren Szenen auf. Im II. Aufzug (II, 2) nimmt er mit vielen anderen Eidgenossen zusammen an der nächtlichen Geheimversammlung teil, um den Aufstand gegen die kaiserlichen Unterdrücker zu beraten und vorzubereiten.

Im IV. Aufzug (IV, 2) bemüht er sich fürsorglich, zusammen mit weiteren Freunden, um den sterbenden Freiherrn von Attinghausen.

Interessant ist seine (kurze aber deutliche) Mitsprache in der nächtlichen Versammlung (II, 2):

WALTER FÜRST:
Wenn am bestimmten Tag die Burgen fallen,
So geben wir von einem Berg zum andern
Das Zeichen mit dem Rauch, der Landsturm wird
Aufgeboten, schnell, im Hauptort jedes Landes;
Wenn dann die Vögte sehn der Waffen Ernst,
Glaubt mir, sie werden sich des Streits begeben
Und gern ergreifen friedliches Geleit,
Aus unsern Landesmarken zu entweichen.
STAUFFACHER:
Nur mit dem Geßler fürcht ich schweren Stand:
Furchtbar ist er mit Reisigen umgeben,
Nicht ohne Blut räumt er das Feld, ja selbst
Vertrieben bleibt er furchtbar noch dem Land;
Schwer ist's und fast gefährlich, ihn zu schonen.
BAUMGARTEN: Wo's halsgefährlich ist, da stellt mich hin!
Dem Tell verdank ich mein gerettet Leben,
Gern schlag ich's in die Schanze für das Land:
Mein' Ehr' hab ich beschützt, mein Herz befriedigt.
REDING: Die Zeit bringt Rat. Erwartet's in Geduld.

AUFGABE 4

a) Notiere in wenigen Sätzen, wie sich Baumgarten in I,1 verhält. Was sagt und tut er, um Ruodi zur Rettung zu bewegen?

b) Welche Eigenschaften zeigt Baumgarten im weiteren Verlauf des Dramas? Benutze die Hinweise aus II, 2 und fasse deinen Eindruck zusammen.

Gesichtspunkte für die Charakterisierung einer Bühnenfigur im Überblick

1. **Inhaltlicher Zusammenhang,** Ausgangssituation, z. B.:
   - Schauplatz, Umwelt
   - Zeitverhältnisse
   - Lebensmilieu
   - Interessenkonflikt

2. **Die Rolle einer Person,** z. B.:
   - Aufgabe, Beruf
   - Äußeres
   - Verhalten
   - Interessen

3. **Die Worte einer Person:**
   - Inhalt
   - Redeweise
   - Eigenheiten
   - Wirkungen

4. **Innere Einstellungen,** z. B.:
   - Interessen, Absichten
   - Gedanken
   - Stimmungen

5. **Erschließbare Kennzeichen,** z. B.:
   - typische Eigenschaften
   - Charakterzüge

6. **Person in der Szene,** im **Zusammenspiel** mit anderen

7. **Personenentwicklung:**
   - in einer Szene
   - über die Szene hinaus (z. B. im Gesamtdrama)

8. Rolle der **Regieanweisungen** im Handlungsverlauf

GEDICHTINTERPRETATION

1

Umgang mit Balladen

Überblick und Begriffsbestimmung

Balladen und Gedichte wurden ans Ende unseres Trainingsprogramms gestellt, weil man bei der Arbeit mit ihnen besonders auch auf die sprachliche und formale Gestaltung achten muss. Das erfordert einige Übung.
Bei Gedichten muss man manchmal auch die Sprache auf die Goldwaage legen. Doch darüber hinaus sind auch Versmaß und Reim, Strophenbau oder Klanggestalt wichtig, wenn man der Textaussage auf die Spur kommen will.

In den Übungen zu der Ballade „Waldgespräch“ von Joseph von Eichendorff erarbeitest du dir zunächst einige wesentliche Kennzeichen der Textsorte, die du dann auf weitere Balladen anwenden kannst. Doch bevor du an die Arbeit gehst, sollten einige Begriffe aus dem literarischen Umfeld der Ballade geklärt werden.
Balladen sind nur schwer eindeutig entweder den Erzähltexten oder den dramatischen oder den lyrischen Texten zuzuordnen. Goethe nannte sie das „Ur-Ei“ der Dichtung, weil sie epische (erzählende), dramatische oder lyrische Elemente enthalten. Gemeinsam ist vielen Balladen, dass sie in lyrisch (vershaft) gebundener Form gerafft dargestellt werden und das epische Geschehen sich dramatisch zuspitzt.
Zeitungslieder (= Lieder mit Neuigkeiten) gab es schon im 16. Jahrhundert. Das waren volkstümlich erzählende Gedichte, die in Gassen und auf Jahrmärkten vorgetragen wurden. Man nannte sie auch Moritaten (Mord- oder Moralgeschichten) oder Bänkellieder, weil die Sänger auf einer kleinen Bank standen, um besser gehört zu werden. Bevorzugt waren „schaudervolle Begebenheiten“ von Räubern und Rittern, Liebe und Hass, Schuld und Vergeltung.
Erzählgedichte nennt man die modernen Varianten von Ballade und Bänkellied. Die greifen, ähnlich wie manche ihrer Vorläufer schon im 18. Jahrhundert, auch zeitkritische, politische und soziale Themen auf, die sie, z. B. in Protestsongs, wirksam gestalten.

Den Inhalt richtig erfassen

Balladen sind beim ersten Durchlesen nicht immer leicht zu verstehen, weil sie den Inhalt, die konkreten Ereignisse, oft nur sprunghaft und unvollständig wiedergeben. Manchmal muss man, wie ein Kriminalist, mehrere Spuren verfolgen, bis man die Vorgänge verstanden hat. Ein erster Schritt im Umgang mit Balladen ist deshalb die Inhaltsangabe.

Waldgespräch

Es ist schon spät, es wird schon kalt,
Was reitst du einsam durch den Wald?
Der Wald ist lang, du bist allein,
Du schöne Braut! Ich führ' dich heim!

„Groß ist der Männer Trug und List,
Vor Schmerz mein Herz gebrochen ist,
Wohl irrt das Waldhorn her und hin,
O flieh! Du weißt nicht, wer ich bin."

So reich geschmückt ist Ross und Weib,
So wunderschön der junge Leib,
Jetzt kenn ich dich – Gott steh mir bei!
Du bist die Hexe Lorelei!

„Du kennst mich wohl – von hohem Stein
Schaut still mein Schloss tief in den Rhein.
Es ist schon spät, es wird schon kalt,
Kommst nimmermehr aus diesem Wald!"

Joseph von Eichendorff
(1788 1857)

AUFGABE

1 Fasse den Inhalt der Ballade zusammen.

Der Vergleich mit der Prosafassung eines Stoffes kann dir weiterhelfen, wenn es für dich zu schwierig ist, den Inhalt der Ballade vollständig zu verstehen. Die Idee, auf der Spurensuche auch andere Quellen zu benutzen, kannst du immer wieder aufgreifen:

Auf dem Loreley-Felsen, hoch über dem Rhein, stand vor vielen hundert Jahren eine stolze Burg. Ihre Herrin war die verführerisch schöne Frau Loreley. Wenn sie auf einsamer Felsenspitze ihr langes Haar kämmte, sah mancher Schiffer aus seinem Boot hinauf. Aber die Unaufmerksamkeit kostete viele das Leben, wenn ihr Boot am Felsen zerschellte. Auch manchen Wanderer lockte sie im düsteren Wald unterhalb der Burg ins Verderben.

Eines Abends, so wird erzählt, kam wieder einmal ein wohlgerüsteter Reiter auf dem schmalen Pfad durch den finsteren Wald zu Füßen der Burg geritten. Das reich beschlagene Zaumzeug, sein Helm und die Speerspitze funkelten im fahlen Abendlicht. So ritt er mit keck erhobenem Haupt durch den unheimlichen Forst. Schon neigte sich die Sonne zum Untergang, als er plötzlich eine bezaubernd schöne Reiterin vor sich sah. Lange schwarze Haare umrahmten das bleiche Gesicht, und über ihrem seidenen Gewand trug sie reichen Schmuck. Wie gebannt schaute er sie an und sprach: „Schöne Frau, es wird kalt und dunkel. Ihr könnt doch nicht allein weiterreiten. Kommt mit mir, ich will Euch heimführen." Doch sie beklagte nur die Treulosigkeit der Männer und warnte ihn, er solle fliehen, sie werde ihm nur Unglück bringen.

Und wie er, noch ganz von ihrem Liebreiz gebannt, ihre verführerische Gestalt anstarrte, erkannte er, dass es die Hexe Loreley war, aus deren Umgarnung sich kein Mann je lösen konnte. „Gott steh mir bei." – rief er entsetzt aus, „du bist die Hexe vom Hinterlistigen Felsen." (Das bedeutete nämlich vor Urzeiten das Wort ‚Lore-Ley'.) Hohnlachend erwiderte sie: „Nun bist du mein! Nimmermehr wirst du aus meinem Zauberwald entrinnen!"

Und in der Tat hat niemand diesen kecken jungen Ritter je wieder zu Gesicht bekommen, der sich von der zauberhaften Schönheit der Hexe blenden ließ und in sein Verderben geritten war.

AUFGABE

2 Worin unterscheidet sich die Ballade von der Sage? Notiere deine Beobachtungen in Stichworten.

Die Merkmale der Ballade

MERKE

Merkmale der Ballade

1. Inhalt, Problemgehalt, Stoff
   Balladen gestalten oft außerordentliche Ereignisse, z. B. Konflikte zwischen Menschen und übernatürlichen Mächten. Oft ist es eine Auseinandersetzung auf Leben und Tod. Bedrohung und Gefahr tragen zur düsteren Grundstimmung bei.
   Stoffquellen können Sagen oder geschichtliche Ereignisse sein, unheimliche Naturvorgänge oder gesellschaftliche Zustände.

2. Schauplatz und Handlungshintergrund
   Die Schauplätze liegen meist in der Natur. Sie sorgen, zusammen mit der Handlungszeit (oft abends, nachts), für eine unheimliche Stimmung. Näher erklärt oder genauer beschrieben werden sie fast nie.

3. Erzähl- und Handlungsaufbau
   Die Handlung beginnt oft unvermittelt, z. B. mit einem Dialog. Dabei werden weder die Personen vorgestellt noch die Zusammenhänge erklärt. Die muss sich der Leser (Zuhörer) meist selbst erschließen. Der Dialog vergegenwärtigt die Handlung, versetzt den Leser direkt hinein, besonders durch Fragen oder Ausrufe der Personen, z. B. auf dem Höhepunkt der Ereignisse. Zeitabschnitte werden oft übersprungen. Meist ist das Erzähltempo rasch und das Ende kommt abrupt und überraschend – ohne weitere Erzählerkommentare.

4. Die Personengestaltung
   Die Personengruppierung (häufig nur Spieler und Gegenspieler) ergibt sich aus einem Interessenkonflikt zwischen einem Menschen und einer außernatürlichen, magischen Gestalt oder einer irdischen Gewalt (z. B. einem Tyrannen). Selten siegt dabei der Mensch.
   Das Äußere von Personen, Schauplatz oder Requisiten wird allenfalls in Adjektiven kurz angedeutet („schöne Braut“, „reich geschmückt“). Die indirekte Personencharakterisierung im Dialog herrscht vor. Gedanken und Absichten, Gefühle und Stimmungen hingegen werden im Dialog szenisch vergegenwärtigt („Gott steh mir bei!“). Vieles muss sich der Leser auch bei den Personen selbst erschließen.

5. Erzähltechnik
   Balladen sind Erzählungen in Gedichtform. Nicht immer tritt ein Erzähler in Erscheinung. In Dialogen wird das Geschehen szenisch vergegenwärtigt, die restliche Handlung wird oft gerafft oder weggelassen. Er- und Ich-Perspektive sind möglich.

6. Sprachliche Gestaltung
   Strophen und Verse, Metrum (Versmaß) und Reim bestimmen oft die äußere Form der Ballade, wirken sich aber auch auf Wortwahl, Satzbau und Sprachklang aus (z. B. beim Singen, auch bei Refrains), z. B. bei Umstellungen, Auslassungen oder Wortwiederholungen. Auch Lautmalereien können Stimmungen wiedergeben.

Die typischen Merkmale einer Ballade kann man am konkreten Beispiel nachprüfen: Was lässt sich an Eichendorffs „Waldgespräch“ zu Inhalt, Problemgehalt und Stoff beobachten? So kann man die Beobachtungen notieren:

Merkmale der Ballade	Textbeispiel „Waldgespräch“
– außerordentliches Ereignis	– ein Mann (Wanderer) gerät in den Bann einer unheimlichen Frau
– Konflikt Mensch – übernatürliche Macht	– Begegnung mit einer „Hexe“
– Auseinandersetzung auf Leben und Tod	– Der Reisende wird der Hexe nicht entrinnen.
– düstere Grundstimmung	– durch Schauplatz und Zeit (Abend) sowie Drohungen der Hexe

AUFGABE 3

Wie gestaltet Eichendorff in der Ballade „Waldgespräch“ den Schauplatz? Welche Hintergrundinformationen gibt er dem Leser?

Zu den wesentlichen Unterschieden einer Ballade gegenüber einer Sage oder anderen Prosatexten gehört die „gebundene Form“, die Gedichtform. Da gilt es Strophen und Verse, Metrum (Versmaß) und Reim zu beachten. Natürlich wirkt die äußere Form auch auf Satzbau und Wortwahl zurück. Das darf man, wenn man sich mit einer Ballade auseinander setzt, nicht übersehen. Weil es zunächst etwas schwierig erscheint, entsprechende Beobachtungen in eine Textbeschreibung umzusetzen, bekommst du hier einen Lösungsvorschlag formuliert:

Was fällt mir an der Gedichtform der Ballade auf?

1. Die Ballade „Waldgespräch“ wurde in gebundener Sprache geschrieben, wie dies zur Zeit Eichendorffs üblich war. Sie besteht aus vier Strophen zu je vier Versen. Jede Person spricht abwechselnd eine Strophe im Dialog, also in Rede und Gegenrede. Jeder Vers hat vier Hebungen, denen regelmäßig eine unbetonte Silbe (Senkung) vorausgeht. Diese Jamben durchziehen als gleichmäßiges Metrum (Versmaß) das ganze Gedicht.
2. Beachtet man aber neben dem Versmaß zugleich den Satzbau, so scheint etwas mehr Tempo dahinter zu stecken. Es kommen alle vier Satzarten vor: Aussagesätze („Es ist schon spät ...“), Fragesätze („Was reitst du einsam ...?“), Aufforderungssätze („Ich führ' dich heim!“) und – auf dem Höhepunkt der Handlung – Ausrufesätze: „O flieh!“ und „Gott steh mir bei!“.
3. Die meisten dieser Sätze sind kurz, manche nur eine halbe Zeile lang (z.B. Verse 1, 3, 8, 11, 15). Damit kommt eine gewisse Unruhe in die Verse. Man meint, der Mann habe es eilig, die „schöne Braut“ heimzuführen. Vielleicht betonen die kurzen Sätze, zusammen mit den regelmäßig-vierhebigen Versen auch die innere Aufregung, die sich – vor allem für den Mann – aus der Begegnung entwickelt.
4. Regelmäßiger Versbau wird zusätzlich von den Paarreimen gestützt, die je zwei Zeilen mit einem Gleichklang abschließen. Meist sind es inhaltlich wichtige Wörter, die hier aufeinander bezogen werden (z.B. allein – heim, Weib – Leib, Stein (=Fels) – Rhein). Außerdem fügen sie oft auch Sätze zusammen, die ihrem Sinn nach zusammengehören.
5. Interessant ist es, dass die Hexe Lorelei mit ihren letzten Worten die Verse des Mannes am Anfang wieder aufnimmt, sie aber zugleich abwandelt: „Es ist schon spät, es wird schon kalt, kommst nimmermehr aus diesem Wald!“
   Damit wird das Gedicht klanglich abgerundet. Inhaltlich aber hat sie den Spieß herumgedreht und den Mann in ihrem Zauberwald gefangen.

Die Brück am Tay (28. Dezember 1879)

When shall we three meet again?
Macbeth

1

„Wann treffen wir drei wieder zusammen?"
„Um die siebente Stund, am Brückendamm."
„Am Mittelpfeiler."
„Ich lösche die Flamm."
„Ich mit."
„Ich komme vom Norden her."
„Und ich vom Süden."
„Und ich vom Meer."

„Hei, das gibt einen Ringelreihn,
Und die Brücke muss in den Grund hinein."

„Und der Zug, der in die Brücke tritt
Um die siebente Stund?"
„Ei, der muss mit."
„Muss mit!"

„Tand, Tand
Ist das Gebilde von Menschenhand!"

2

Auf der Norderseite, das Brückenhaus –
Alle Fenster sehen nach Süden aus,
Und die Brücknersleut ohne Rast und Ruh
Und in Bangen sehen nach Süden zu,
Sehen und warten, ob nicht ein Licht
Übers Wasser hin ‚Ich komme' spricht,
‚Ich komme' trotz Nacht und Sturmesflug,
Ich, der Edinburger Zug.'

3

Und der Brückner jetzt: „Ich seh einen Schein
Am anderen Ufer. Das muss er sein.
Nun, Mutter, weg mit dem bangen Traum,

Unser Johnie kommt und will seinen Baum,
Und was noch am Baume von Lichtern ist,
Zünd alles an wie zum heiligen Christ,
Der will heuer zweimal mit uns sein –
Und in elf Minuten ist er herein."

4

Und es war der Zug. Am Süderturm
Keucht er vorbei jetzt gegen den Sturm,
Und Johnie spricht: „Die Brücke noch!
Aber was tut es, wir zwingen es doch.
Ein fester Kessel, ein doppelter Dampf,
Die bleiben Sieger in solchem Kampf,
Und wie's auch rast und ringt und rennt,
Wir kriegen es unter, das Element.

5

Und unser Stolz ist unsre Brück;
Ich lache, denk ich an früher zurück,
An all den Jammer und all die Not
Mit dem elend alten Schifferboot;
Wie manche liebe Christfestnacht
Hab ich im Fährhaus zugebracht
Und sah unsrer Fenster lichten Schein
Und zählte und konnte nicht drüben sein."

6

Auf der Norderseite, das Brückenhaus –
Alle Fenster sehen nach Süden aus,
Und die Brücknersleut ohne Rast und Ruh
Und in Bangen sehen nach Süden zu;
Denn wütender wurde der Winde Spiel,
Und jetzt, als ob Feuer vom Himmel fiel,
Erglüht es in niederschießender Pracht
Überm Wasser unten … Und wieder ist Nacht.

7

„Wann treffen wir drei wieder zusamm?"
„Um Mitternacht, am Bergeskamm."
„Auf dem hohen Moor, am Erlenstamm."
„Ich komme."
„Ich mit."

„Ich nenn euch die Zahl.“
„Und ich die Namen.“
„Und ich die Qual.“
„Hei! Wie Splitter brach das Gebälk entzwei!“
„Tand, Tand
Ist das Gebilde von Menschenhand.“

Theodor Fontane

AUFGABE 4

Schreibe eine kurze Inhaltsangabe.
Versuche mit höchstens zwei Sätzen pro Strophe auszukommen.

Es war sicherlich nicht ganz leicht für dich, den Inhalt der Ballade treffend zu erfassen und kurz zu notieren. Doch du wirst gemerkt haben, dass man zuerst einmal den Inhalt begriffen haben muss, bevor man dem Sinn der Ballade näher kommt. Ähnlich ist es mit den nächsten Übungen. Du bist zwar inzwischen fast schon eine Spezialistin oder ein Spezialist für Gliederung und Aufbau eines Textes. Wer aber glaubt, er habe mit den Strophen einer Ballade schon ihre Gliederung oder gar den Aufbau erfasst, der kann sich täuschen. Die folgende Tabelle soll dir den Anfang wieder erleichtern.

AUFGABE 5

Trage für die 2. bis 7. Strophe die fehlenden Informationen ein.

Strophe	Beteiligte Personen	Vorgänge oder Gesprächsthemen	Stimmung der Personen
1	Hexen, irgendwo im Freien	planen die Vernichtung	boshafte Freude, verachten die Technik
2 + 3	Eltern des Lokführers im Brückenhaus		
4 + 5	Sohn Johnie in der Lokomotive		

6	Brücknersleute in ihrem Haus	
7	Hexen irgendwo im Freien	

Neben der Gliederung ist der innere Aufbau der Ballade interessant. Wächst z.B. die Gefahr oder die Hoffnung für den „Helden“, so kann damit die Spannung für den Leser steigen. Mit der Katastrophe, der Auflösung, fällt die Spannung schlagartig ab.

AUFGABE 6

Verfasse eine Textbeschreibung über: Aufbau und Spannungskurve der Ballade „Die Brück am Tay“. Vergiss die Rolle der Hexen nicht.

AUFGABE 7

Notiere – wie in der folgenden Materialsammlung – Stichworte zur Gestaltung des Schauplatzes in Fontanes Ballade.

Inhalt, Problemgehalt, Stoff

– außerordentliches Ereignis	– Einsturz einer Brücke, die als sicher galt
– Konflikt zwischen Menschen und übernatürlichen Mächten	– Johnie versucht mit der Technik gegen die Sturmgewalten (Hexen) anzukämpfen.
– Auseinandersetzung um Leben und Tod	– kein Beteiligter überlebt die Katastrophe.
– düstere Grundstimmung	– von Anfang an durch die unheimlichen Worte der Hexen
– Problem (vgl. Konflikt)	– Kampf des Menschen mit der Natur, Möglichkeiten und Grenzen der Technik
– Stoff	– tatsächliches Ereignis (1879)

AUFGABE

8 Fasse die Notizen zu einer Textbeschreibung zusammen: Welche Kennzeichen der Ballade lassen sich an Inhalt, Problematik und Stoff der „Brück am Tay" ablesen?

Umgang mit lyrischen Texten

2

Wie arbeitet man mit Gedichten?

In Gedichten steckt viel Arbeit, sie werden nicht nur mit leichter Hand hingeschrieben. Wenn man sich gründlich mit ihnen beschäftigt, muss man dazu einige Spielregeln beachten.

Beurteile ein Gedicht nicht vorschnell. Lies es lieber mehrmals. Warte ab, ob es dir selbst Fragen aufgibt oder deine Gefühle und Gedanken in Gang setzt, in dir bestimmte Vorstellungen weckt. Oft sind die Bilder und Stimmungsreize in einem Gedicht so „dicht“, so verkürzt, manchmal auch verschlüsselt gestaltet, dass du Zeit brauchst, um dich ihnen zu nähern. Hauruck-Methoden sind fehl am Platze, lass dem Gedicht den Vortritt. Doch das ist leichter gesagt als getan. Was kannst du konkret tun?

Lies zum Beispiel den Titel eines Gedichts und denke eine Weile darüber nach, ohne weiterzulesen.

AUFGABE

1 Was fällt dir spontan zu dem Titel „Septembermorgen“ ein? Notiere alles, benutze für jedes Stichwort eine neue Zeile. Notiere danach, was dir zum Titel „Drachenlied“ einfällt.

Damit hast du zunächst deine eigenen Erfahrungen und Vorstellungen zu einem Thema aktiviert, deine Gedanken zum Gedicht hin in Gang gesetzt. Du hast dich darauf konzentriert und vielleicht schon einen kleinen Vergleichstext gewonnen, der dir die Augen für die Vorstellungen und Gedanken eines anderen Menschen öffnet. Du bist innerlich vorbereitet.
Lies erst dann das Gedicht mehrmals durch und versuche es zu verstehen.

AUFGABE 2

Lies das Gedicht „Septembermorgen“ von Eduard Mörike. Gib den Inhalt kurz wieder.

Septembermorgen

Im Nebel ruhet noch die Welt,
Noch träumen Wald und Wiesen:
Bald siehst du, wenn der Schleier fällt,
Den blauen Himmel unverstellt,
Herbstkräftig die gedämpfte Welt
In warmem Golde fließen.

Eduard Mörike

Einige Fragen können deinen Blick für die Inhalte schärfen, z. B.:

- Was kann ich als Leser (oder Hörer) vor meinem geistigen Auge sehen? Menschen oder Schauplätze, Dinge oder Vorgänge, Farben oder Formen? Sehe ich eher Einzelbilder (wie Fotos) oder einen Film in meinem „Kopfkino“? Auch eine Inhaltsangabe schärft deinen Blick für den Text.
- Was kann ich als Leser hören? Stimmen oder Worte, Klänge oder Geräusche, Lautmalereien oder Sprachspiele?
- Was kann ich als Leser im Text gleichsam greifen oder ertasten, fühlen oder riechen?

Mit solchen Fragen öffnest du dich für die sinnliche Wahrnehmung dessen, was im Gedicht die Vorstellungskraft des Lesers anspricht.

AUFGABE 3

a) Welche Ausschnitte aus einer konkreten Umwelt bietet Mörikes „Septembermorgen“? Notiere die betreffenden Wörter.

b) Welche Vorstellungen (oder Wortverbindungen) könnte man nicht einfach fotografieren (z. B. „gedämpfte Welt“)? Versuche solche Wörter zu erklären.

Gehe mit eigenen Fragen dem Gedicht ein Stück entgegen, mit Fragen, die deine eigene Einstellung, deinen ersten Eindruck betreffen, z. B.:

- Was kommt mir bekannt oder vertraut vor?
- Was sagt mir das Gedicht? Spricht es mich an? Erinnert es mich an etwas selbst Erlebtes?

- Erinnert es mich an Gedanken, die ich selbst schon gedacht habe, auch wenn ich sie anders ausdrücken würde?
- Erinnert es mich an Gefühle und Stimmungen, die ich so ähnlich auch schon einmal hatte?
- Gefallen mir Sprachklang oder Takt des Versmaßes? Geht er mir leicht ins Ohr?
- Was befremdet mich an dem Gedicht, was ist mir unbekannt? – Verstehe ich etwas nicht? Wörter, Sätze, Gedanken? Aus welchen Gründen habe ich Schwierigkeiten den Inhalt zu verstehen?
- Wirkt das Gedicht fremd oder abweisend? Stolpere ich über sein Thema? Warum finde ich zu seiner Welt keinen Zugang?
- Stößt es mich ab? Warum ärgere ich mich darüber? Sind es Worte oder Gedanken, konkrete Inhalte oder die äußere Form?
- Stolpere ich über den Sprachklang oder das Versmaß, die Verslängen oder die Reime?

Die verschiedenen Gruppen von Fragen, mit denen du einem Gedicht begegnen kannst, lassen sich nicht auf eine Reihenfolge festlegen. Jedes Gedicht ist anders und jeder Mensch reagiert anders. Wichtig ist, dass du wach und neugierig auf ein Gedicht eingehst. Beim Lesen und Zuhören solltest du dich so weit in das Gedicht vertiefen, dass du zu einer eigenen Reaktion findest. Die kann zustimmend oder ablehnend sein, das gehört zu deinen Freiheiten als Leser. Du solltest aber begründen können, warum du so und nicht anders reagierst. Solche Begründungen gehören zur Gedichtinterpretation.

Gedichte können viele Themen aufgreifen: Kindheit und Alter, Schule und Freizeit, Armut und Reichtum, Frühling und Herbst, Geburt und Tod, Pflanzen und Tiere, Götter und Menschen, Städte und Müllberge, Krieg und Frieden, um nur einige Beispiele zu nennen. Sie spiegeln die Welt wider und das Leben aus der Sicht eines einzelnen Menschen.

Wieder hat man in der Stadt,
um Parkplätze zu schaffen,
Platanen gefällt.
Sie wußten viel.
Wenn wir in ihrer Nähe waren,
begrüßten wir sie als Freunde.
Inzwischen ist es fast
zu einem Verbrechen geworden,
nicht über Bäume zu sprechen,
ihre Wurzeln,
den Wind, die Vögel,
die sich in ihnen niederlassen,
den Frieden,
an den sie uns erinnern.

Walter Helmut Fritz

AUFGABE 4

a) Schlage einen Titel für das Gedicht von W. H. Fritz vor. Fasse seinen Inhalt kurz zusammen. So könntest du anfangen:

> Das Gedicht berichtet zuerst (V. 1–3) von konkreten Vorgängen: In einer Stadt wurden Platanen gefällt, um Parkplätze zu schaffen. Die übrigen elf Verse jedoch …

b) Warum sagt der Verfasser, es sei „fast zu einem Verbrechen geworden, nicht über Bäume zu sprechen"?

Du merkst, dass sich die Inhalte eines Gedichts nicht einfach wie die Vorgänge in einer Erzählung wiedergeben lassen. Man muss unterscheiden, wo etwas Sichtbares dargestellt wird und wo Gedanken oder Stimmungen den Inhalt bilden.

Ein Gedicht regt die Vorstellungskraft an

Gedichte können Sichtbares darstellen, z. B. Menschen und Bäume, Städte und Landschaften. Aber sie stellen oft auch Stimmungen und Gefühle, Vorstellungen und Gedanken so dar, dass man dabei als Leser etwas sehen kann. Manchmal ist es eher ein stehendes Bild, eine Art Foto, manchmal läuft ein ganzer Film ab, wenn man ein Gedicht liest. Meist geht man dabei nur von einigen Reizwörtern aus, von Andeutungen, die sich der Leser, wenn er sich in das Gedicht vertieft, weiter ausmalt. Probiere diese Erfahrung einmal aus.

AUFGABE 5

Markiere und notiere zum Gedicht von W. H. Fritz:
- konkrete, anschauliche Vorgänge (z. B. „Platanen gefällt")
- Vorstellungs- oder Erinnerungsbilder („begrüßten wir"). Erkläre sie, z. B.: „Ich stelle mir vor, Kinder spielen unter Bäumen und begrüßen sie: ‚Hallo, wie geht's?'"
- Gedanken und Vorstellungen, z. B. Bäume = Freunde

AUFGABE 6

a) Welche Wörter (besonders Substantive) aus den folgenden Gedichten von Goethe und Eichendorff kannst du dir konkret als Bilder vorstellen? Notiere sie (z. B. „Gipfel" – von Bergen).

b) In welchen Gedanken unterscheiden sich die Gedichte von Goethe und Eichendorff? Wenige Sätze genügen.

Wanderers Nachtlied

Über allen Gipfeln
Ist Ruh,
In allen Wipfeln
Spürest du
Kaum einen Hauch;
Die Vögelein schweigen im Walde.
Warte nur, balde
Ruhest du auch.

Johann Wolfgang von Goethe

Abschied

O Täler weit, o Höhen
o schöner, grüner Wald,
Du meiner Lust und Wehen
Andächt'ger Aufenthalt!
Da draußen, stets betrogen,
Saust die geschäft'ge Welt,
Schlag noch einmal die Bogen
Um mich, du grünes Zelt!

Joseph von Eichendorff

Viele Gedichte geben dem inneren Auge des Lesers etwas zu sehen, viele sprechen auch das Ohr an, manche sogar Tast- oder Geruchssinn. Der Leser muss nur offen für Wahrnehmungen sein, dann kann ein Gedicht bei ihm Vorstellungen oder Wünsche, Erinnerungen oder Ängste auslösen: es kann auf ihn wirken.

AUFGABE 7

a) Mit welchen Worten sprechen die Gedichte von Goethe, Eichendorff und Fritz dein Auge an, mit welchen die Ohren und den Tastsinn? Welche Wörter deuten das Nachdenken an? Ergänze die Tabelle:

	Goethe	Eichendorff	W. H. Fritz
Auge:	Gipfel (Berge) Wipfel (Bäume)	Taler Höhen	Stadt Parkplätze
Ohr:	Ruhe (Stille)	„O Täler" … (Gesang)	begrüßen
Tastsinn:			Platane gefällt(?)
Nachdenken:	„Warte nur"	„Du meiner Lust"	„Sie wußten viel."

Mit der Suche nach bestimmten Wortarten (z. B. konkreten Substantiven oder Verben) oder einzelnen Bedeutungsgruppen (z. B. Sinneswahrnehmungen des Auges) hast du einen Einstieg in die Erschließung eines Gedichts gefunden. Er kann dir oft auch dort helfen, wo du zunächst mit Schwierigkeiten rechnest. Meist fallen dir schon beim Unterstreichen der gesuchten Wörter Dinge am Text auf, die du sonst kaum gesehen hättest. Die nächsten Fragen deuten sie an. Es sind Fragen, wie sie im Unterricht oft gestellt werden, damit dir die Untersuchung eines Gedichts leichter fällt. Zunächst die Fragen, dann ein Lösungsbeispiel.

Gehe bei deiner Textbeschreibung von folgenden Fragen aus:

- Wie spricht Goethes Gedicht die Sinnesorgane des Lesers an?
- Wo befindet sich der Betrachter, der die Verse schreibt?
- In welchem Tempus (grammatikalische Zeit) stehen die Verben, und was kann man daraus schließen?
- Welche Gedanken verbindet der Autor mit den konkreten Bildern?

Goethe: Wanderers Nachtlied

Gedichtinterpretation

Goethes Gedicht gibt einen Ausblick auf die Natur, der mit einem Gedanken an das kurze Leben des Menschen schließt.
Die ersten sechs Verse beschreiben mit wenigen Worten ein Naturbild, das nicht nur die Augen des Lesers anspricht, sondern auch seine Ohren und den Tastsinn. Goethe beschreibt wenige Eindrücke von einer nächtlichen Landschaft. Dazu benutzt er das Präsens: er ist also gegenwärtig Zeuge dessen, was er sieht und fühlt.

Der Blick des Betrachters – und mit ihm der des Lesers – geht auf „Gipfel" von Bergen. Und man sieht die „Wipfel" von Bäumen. Der Betrachter befindet sich vermutlich auf einer Anhöhe, von der aus er diesen Blick in die Landschaft hat.

Eher indirekt spricht Goethe Ohr und Tastsinn des Lesers an, nämlich durch das, was fehlt: Vogelgezwitscher und Wind in den Blättern der Bäume. Damit macht er auf die große Ruhe aufmerksam, die er um sich verspürt:

„... Spürest du kaum einen Hauch;
Die Vögelein schweigen im Walde."

Man kann also die Ruhe beinahe greifen, sie am Fehlen von Stimmen und Luftbewegungen erfahren.
Das Präsens zeigt, dass sich der Betrachter ganz dem gegenwärtigen Eindruck der Ruhe in der nächtlichen Natur hingibt. Da scheint er in Gedanken die Landschaft, die ruhig und uralt vor ihm liegt, mit dem kurzen Leben des Menschen zu vergleichen, denn unvermittelt sagt er:

„Warte nur, balde
Ruhest du auch.“

Vielleicht meint er mit dem „Du“ sich selbst, wenn er an die Zukunft, an sein eigenes Ende denkt. Das Zeitadverb „balde“ deutet an, dass ein Menschenleben kürzer ist als das Leben der Natur. Wenn man sich als Leser das Landschaftsbild vorstellt, das Goethe hier skizziert, dann könnte man auch auf ähnliche Gedanken kommen.

Du hast das Arbeitsverfahren einer Gedichtinterpretation sicher bereits durchschaut. Es ist nicht viel anders als früher bei Textbeschreibungen auch. Du beantwortest die Fragen mit deinen Beobachtungen (vgl. Übung 4 a), fügst passende Textbelege dafür ein und benutzt dabei die Beschreibungsbegriffe, die dir die Fragen nahe legen.

AUFGABE 8

Beantworte die gleichen Fragen für die Gedichte von J. v. Eichendorff und W. H. Fritz in ähnlichen Gedichtinterpretationen.

Zur Klanggestalt von Gedichten

Gedichte werden unter die Gattungsbezeichnung „Lyrik“ eingeordnet. Mit diesem Sammelbegriff sind alle sprachlichen Gebilde gemeint, die in metrischer, d. h. durch Versmaße gebundener Sprache gestaltet werden.
Den musikalischen Charakter der Lyrik erkennt man an verschiedenen Gestaltungsmitteln. Wir beginnen bei den kleinsten, den Silben. Will man Worte singen, so müssen sie sich einem bestimmten Takt und einer Melodie fügen. Der Takt entspricht ungefähr dem Versmaß (Metrum). Das ist das Verhältnis von betonten (Hebungen) und unbetonten (Senkungen) Silben, die sich in bestimmten Abständen wiederholen.

Im Nébel rúhet nóch die Wélt

Ách, was múss man óft von bösen

Búben hören óder lésen.

Kómmet und sínget und tánzet und [spríngt]

Die Beschreibung des Versmaßes ist in vielen Fällen nicht schwierig. Schwer ist es hingegen, ihre Wirkung auf den Leser treffend zu erschließen. Hier zwei einfache Fälle, an denen du die Wirkung erkennen wirst:

AUFGABE

9

Bestimme die betonten und unbetonten Silben der beiden folgenden Gedichte, und beschreibe kurz, wie das Metrum auf dich wirkt.

Volkslied

Das Wandern ist des Müllers Lust,
Das Wandern ist des Müllers Lust,
Das Wa-han-dern.
Das muss ein schlechter Müller sein,
Dem niemals fiel das Wandern ein,
Dem niemals fiel das Wandern ein,
Das Wandern, das Wandern.

Soldat, Soldat

Soldat Soldat in grauer Norm
Soldat Soldat in Uniform
Soldat Soldat, ihr seid so viel
Soldat Soldat, das ist kein Spiel
Soldat Soldat, ich finde nicht
Soldat Soldat dein Angesicht
Soldaten sehn sich alle gleich
Lebendig und als Leich.

Wolf Biermann

Zur Klanggestalt eines Gedichts gehören oft auch **Reime,** vor allem bei älteren Texten. Die Reime stellen nicht nur eine klangliche Verbindung zwischen den Schlusswörtern mehrerer Verse her, sondern oft auch einen inhaltlichen Zusammenhang. Sie können z. B. Übereinstimmung betonen, einen Gegensatz besonders hervorheben oder ein Wort in komische und ernsthafte Zusammenhänge rücken.

Sprache in Gedichten näher betrachten

Gedichte können die sichtbare, äußere Wirklichkeit widerspiegeln. Sie können aber auch eine besondere Art von Bildvorstellungen gestalten, die es in der Wirklichkeit nicht gibt: die Sprachbilder. Oft entstehen sie durch einen Vergleich zwischen Mensch und Natur (z.B. „ein Kerl wie ein Baum") oder Mensch und Gegenstand (z.B. „ein Kerl wie ein Schrank"), manchmal auch durch die Übertragung einer abstrakten Eigenschaft (z.B. Mut) auf etwas konkret Vorstellbares (z.B. „wie ein Löwe"). Hier einige besonders häufige Sprachbilder.

Beispiele für häufige Sprachbilder

Fachbegriff	Erklärung des Begriffs	Textbeispiel	Wirkung im Kontext
Metapher	Übertragung einer Wortbedeutung auf ein anderes Wort	In dem Meer der goldnen Stoppeln …	Ein anschauliches Bild vom Kornfeld wird geprägt.
Personifikation	Ein Gegenstand oder ein Teil der Natur bekommt Eigenschaften eines Menschen (Lebewesens) zugesprochen.	Die Wiesen träumen noch.	Die Ruhe wird damit einprägsam formuliert, man kann sie sich gut vorstellen.
Vergleich	Zwei Dinge oder Wesen, die verwandte Eigenschaften haben, werden miteinander verglichen.	listig wie ein Fuchs, schön wie eine Rose, langsam wie eine Schnecke	Die Eigenschaften werden konkretisiert, man kann sie sich bildhaft vorstellen und besser einprägen.

Die wenigen Beispiele mögen genügen, dir zu zeigen, dass solche Sprachbilder meist die Aufgabe haben, einen schwierigen, abstrakten, wenig anschaulichen Sachverhalt, einen Gedanken oder eine Stimmung in vorstellbare, einprägsame Bilder zu übertragen. Sie wirken auf den Leser meist stärker, anschaulicher und einprägsamer als abstrakte Begriffe.

Drachenlied

Fliege, fliege, kleiner Drache
Steig mit Eifer in die Lüfte
Schwing dich, kleine blaue Sache
Über unsre Häusergrüfte!

Wenn wir an der Schnur dich halten
Wirst du in den Lüften bleiben
Knecht der sieben Windsgewalten
Zwingst du sie, dich hochzutreiben.

Wir selbst liegen dir zu Füßen!
Fliege, fliege, kleiner Ahne
Unsrer großen Äroplane
Blick dich um, sie zu begrüßen!

Bertolt Brecht

AUFGABE **10**

a) Gib in wenigen Worten den Inhalt des „Drachenliedes“ wieder. Gibt es einen „Sprecher“?

b) Notiere in der Tabelle zu den genannten grammatischen Mitteln die Textbeispiele und ihre Wirkung.

Sprachliche Mittel	Textbeispiel	Wirkung
Bewegungsverben	„Fliege“, „Steig“, „Schwing dich“, „bleiben“, „hochzutreiben“, „liegen“	Man bekommt ein Gefühl dafür, wie der Drache steigt und wie das Kind zurückbleibt.
Befehlssätze		

Direkte Rede, Anrede

Pronomina

Satzzeichen

Im folgenden Schülerbeispiel wird Brechts Sprache im Gedicht aufmerksam betrachtet.

Wenn man die Sprache Brechts betrachtet, dann fallen verschiedene Dinge auf. Für mich zeigen die Bewegungsverben in der ersten Strophe („Fliege…“), wie der Drache aufsteigt. Durch die Befehlssätze „Steig …“ usw.) wird er richtig dazu angefeuert. Die Anteilnahme drückt sich auch durch die Ausrufezeichen aus. Das Kind, das die Schnur in der Hand hält, scheint seinen Drachen sehr gern zu haben, denn es spricht ihn in direkter Rede an und duzt ihn. Eigentlich kann man nicht sicher sein, ob ein Kind den Drachen festhält, denn es werden keine Personen genannt, nur Pronomina verwendet, also eine Art Stellvertreter. Nur „wir“ und „unsrer“ wird gesagt, wenn die Menschen gemeint sind, und „du“ („dich“), wenn der Drache angesprochen ist.
Vielleicht setzt Brecht diese Mittel ein, damit man sich so besser in die Situation hineinversetzen kann und sieht, was ein Kind beim Drachensteigen empfindet.

3

Übungen zur Interpretation

Du hast bereits in früheren Übungen gesehen, dass dir der Vergleich eines Gedichts mit deinen eigenen Vorstellungen oder der Vergleich zweier Gedichte zu einem ähnlichen Thema die Augen öffnen kann. Gemeinsamkeiten und Unterschiede sind leichter zu erkennen. Auch dazu Übungen mit den üblichen Arbeitsschritten.

Der Herbst

Viele Drachen stehen in dem Winde,
Tanzend in der weiten Lüfte Reich.
Kinder stehn im Feld in dünnen Kleidern,
Sommersprossig, und mit Stirnen bleich.

In dem Meer der goldnen Stoppeln segeln
Kleine Schiffe, weiß und leicht erbaut;
Und in Träumen seiner leichten Weite
Sinkt der Himmel wolkenüberblaut.

Weit gerückt in unbewegter Ruhe
Steht der Wald wie eine rote Stadt.
Und des Herbstes goldne Flaggen hängen
Von den höchsten Türmen schwer und matt.

Georg Heym

AUFGABE 1

a) Was fällt dir auf, wenn du das Gedicht von G. Heym mit Brechts Drachenlied vergleichst?

b) Was fällt dir an der Klanggestalt von Brechts „Drachenlied“ auf?

c) Welche Sprachbilder und Stilmittel fallen dir in Brechts „Drachenlied“ und in Heyms Gedicht „Der Herbst“ besonders auf?

d) Um welches Thema oder Problem geht es in Brechts „Drachenlied“, welche Aussageabsicht erkennst du dahinter?

Verlassene Alm

Regenwasser
in den Trittspuren der Kühe.
Ratlose Fliegen
nah am November.

Der rote Nagel wird den Wind nicht überstehen.
Der Laden wird in den Angeln kreischen,
einmal an den Rahmen schlagen,
einmal an die Mauer.

Wer hört hin?

Günter Eich

AUFGABE 2

a) Notiere die Sinneswahrnehmungen, die dir die beiden Gedichte von Mörike (S. 116) und Eich (S. 127) nahelegen. Benutze eine Vergleichstabelle (Augen/Ohren), und beachte auch die Verben.

b) Interpretiere beide Gedichte im Vergleich. So könntest du beginnen:

Beide Gedichte, „Septembermorgen“ und „Verlassene Alm“, sprechen die Augen der Leser an, das Gedicht von Eich zugleich auch die Ohren, obwohl man das bei der Überschrift kaum erwartet hätte: eine verlassene Alm in den Bergen stellt man sich normalerweise ruhig vor. Betrachtet man die konkreten Substantive in Eduard Mörikes „Septembermorgen“, so sieht man eine weitläufige Landschaft vor sich: Wald und Wiesen, die noch im Nebel liegen. Später wird der Blick auf den blauen Himmel frei …

AUFGABE 3

a) Lies zunächst nur den ersten Satz des „Gedichts“ von Hans Manz, und schreibe eigene Erfahrungen und Gedanken dazu auf.

b) Lies dann das ganze „Gedicht“ und notiere, was dir daran auffällt (sehr kurz).

Die Straßen sind lebensgefährlich geworden
Die Plätze sind von Autos verstellt
Die Wiesen sind von Zäunen umgeben
In den Anlagen stehen Wächter
Die Höfe sind abgesperrt,
die Treppenhäuser Ruheorte
Die Wohnung ist eng,
das Zimmer klein.
Was bleibt noch
am Ende
für jemand
wie
DICH?

Anne und Benjamin streiten über dieses Gedicht und fragen sich, ob es überhaupt ein Gedicht ist. Man hört folgendes Gespräch:

Ein Gedicht über die Probleme der Zeit

Anne: Der Dichter will in diesem Gedicht sicher ausdrücken, dass wir immer beengter leben müssen. Für Straßen und Autos hat er viel Platz gebraucht, aber für uns Kinder wird der Platz immer kleiner und enger.

Benjamin: Ach, du siehst die Sache viel zu ernst. Wir brauchen doch Straßen für die Autos, sonst könnten wir doch nicht weiter weg fahren.

A.: Man kann auch mit der Bahn oder mit dem Fahrrad fahren. Siehst du denn nicht, wie die Umwelt zerstört wird, wie die Bäume kaputtgehen und wie die Fische in den Seen und Teichen sterben!

B.: Mann, wir wollten uns doch darüber streiten, ob es ein Gedicht ist. Ich finde, es ist bloß ein Text, der von den Problemen der heutigen Zeit erzählt.

A.: Also siehst du das auch als Problem, über was wir vorher gesprochen haben. Es ist ein Gedicht. Der Dichter hat ein Gedicht geschrieben, welches zur heutigen Zeit passt. Es ist eben nicht so ein Gedicht, bei dem Zeile unter Zeile steht. Der Dichter hat sich etwas Besonderes einfallen lassen.
Die Anordnung finde ich einfach eine gute Idee, weil die Zeilen alles so einengen, weil man sich so eingewickelt, eingeschnürt vorkommt.

B.: Aber es ist trotzdem kein Gedicht. Es hat keine Reime, keine Wortwiederholungen, keine auffallenden Wörter.

A.: Jetzt halt aber mal die Luft an! Es gibt ja auch moderne Gedichte, die haben keine Reime. Außerdem finde ich ein ziemlich auffallendes Wort. Das Wort DICH. Der Dichter spricht einen persönlich an. Wenn ich das Gedicht lese, fühle ich mich angesprochen.

B.: Nein, wirklich, du fühlst dich angesprochen! Ich könnte das von mir nicht behaupten. Es bleibt für mich ein ganz normaler Text.

A.: Aber sieh doch mal! Das Gedicht steht im Präsens. Der Dichter will doch damit zeigen, dass es sehr wichtig ist, etwas dagegen zu tun. Er will durch den Aufbau des Gedichtes allen klarmachen, dass wir durch Sachen aus der Umwelt sehr beengt werden.

B.: Warum redest du immer von „Gedicht“. In einem Gedicht muss es ein Thema geben. Hier in diesem Text, den ich sowieso nicht mehr sehen kann, finde ich kein Thema.

A.: Aber Benni, dieses Gedicht handelt von der Zerstörung der Natur und davon, dass die Menschen immer mehr bedrängt werden durch Häuser, Straßen und andere Dinge der Technik. Oder z. B.: Warum steht ein Wächter im Park? Warum dürfen Kinder nicht dort spielen? Sie hätten doch einen Spielplatz bauen können. Ein Park ist doch dafür da, wenn man in der Stadt wohnt, dass man dann auch Bäume und Wiesen hat und sich erholen kann.

B.: Du hast ja Recht, aber ich kann es immer noch nicht glauben, dass es ein Gedicht ist.

AUFGABE 4

a) Was sagt das Streitgespräch über Inhalt, Thema und Problemgehalt des Gedichts von Hans Manz (z. B. „für uns Kinder wird der Platz immer kleiner und enger“)?

b) Was wird über die äußere Gestalt des Textes gesagt?

c) Was wird über die Sprache des Textes und ihre Wirkung auf den Leser gesagt (z. B. die Hintanstellung des „DICH“)?

d) Was wird über grammatische Besonderheiten gesagt, z. B. über den Tempusgebrauch?

AUFGABE 5

Interpretiere das Gedicht von Hans Manz auf Seite 128 nun selbst.

Du hast dich vielleicht gewundert, dass in diesem Kapitel die Merkkästen fehlen, die sonst in unserem Trainingsprogramm eine wichtige Rolle spielen. Das hängt mit den Besonderheiten der Lyrik zusammen: hier wäre es unangemessen, Stichwörter auswendig zu lernen und sie über den Text zu stülpen. Um dir jedoch die Übersicht zu erleichtern, bekommst du zum Abschluss noch einen kleinen Interpretationskompass, den du gleich bei der letzten Übung anwenden kannst. Er enthält eine Reihe wichtiger Gesichtspunkte für den Umgang mit Lyrik. Die Kompassform soll andeuten, dass du im Grunde mit jedem beliebigen Gesichtspunkt, der dir für eine Gedichtinterpretation angemessen erscheint, einsteigen kannst.

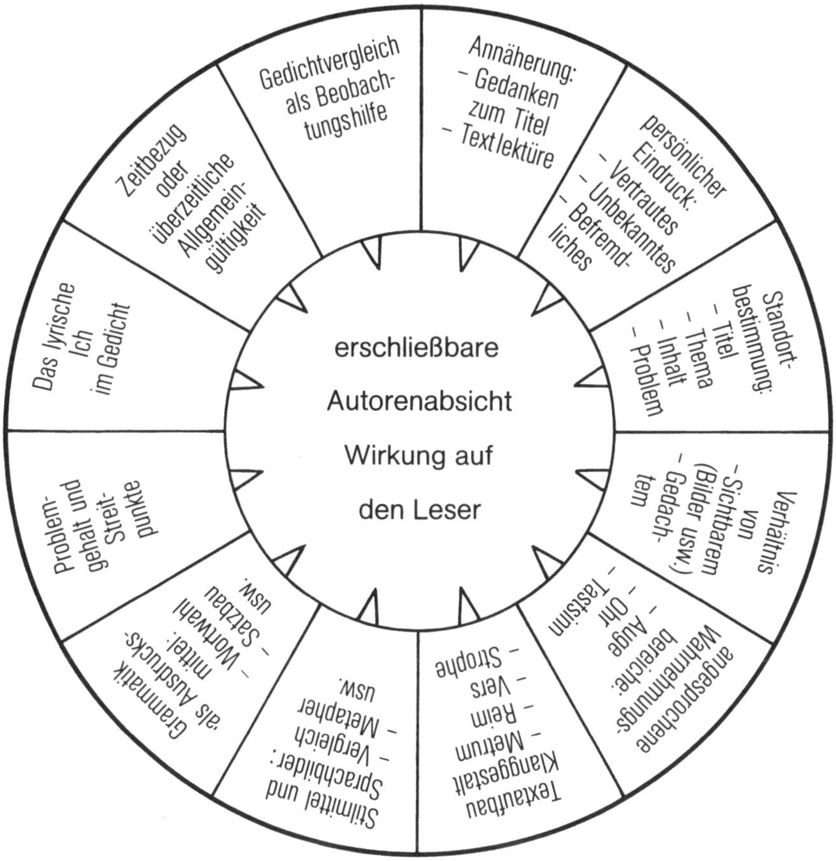
erschließbare
Autorenabsicht
Wirkung auf
den Leser
Annäherung:
– Gedanken zum Titel
– Textlektüre
persönlicher Eindruck:
– Vertrautes
– Unbekanntes
– Befremdliches
Standortbestimmung:
– Titel
– Thema
– Inhalt
– Problem
Verhältnis von
– Sichtbarem (Bilder usw.)
– Gedachtem
angesprochene Wahrnehmungsbereiche:
– Auge
– Ohr
– Tastsinn
Textaufbau
Klanggestalt
– Metrum
– Reim
– Vers
– Strophe
Stilmittel und Sprachbilder:
– Vergleich
– Metapher
usw.
Grammatik als Ausdrucksmittel:
– Wortwahl
– Satzbau
usw.
Problemgehalt und Streitpunkte
Das lyrische Ich im Gedicht
Zeitbezug oder überzeitliche Allgemeingültigkeit
Gedichtvergleich als Beobachtungshilfe

Quellenverzeichnis

Textnachweis

S. 9: Janusz Oseka, Wieviel ist zwei mal zwei?
In: Polnische Pointen, Satiren und kleine Prosa des 20. Jahrhunderts. Herausgegeben und übersetzt von Karl Dedicius. © 1962 Carl Hanser Verlag, München/Wien

S. 25ff.: Erich Kästner, Das Märchen vom Glück
In: Erich Kästner, Gesammelte Schriften für Erwachsene. © Atrium Verlag, Zürich 1969

S. 30ff.: Gerhard Zwerenz, Nicht alles gefallen lassen
In: Gerhard Zwerenz, Gesänge auf dem Markt. Goldmann, München 1979, © Gerhard Zwerenz

S. 35f.: Janosch, Hans im Glück
In: Janosch erzählt Grimms Märchen. © Beltz & Gelberg, Weinheim 1972

S. 39f.: Frieder Stöckle, Krankabine
In: Der fliegende Robert. Viertes Jahrbuch der Kinderliteratur. Hrsg. von H. J. Gelberg. © Beltz & Gelberg, Weinheim 1977

S. 44: Helmut Arntzen, Wolf und Lamm
In: Helmut Arntzen, Kurzer Prozeß. Aphorismen und Fabeln. © by Nymphenburger Verlagshandlung in der F. A. Herbig Verlagsbuchhandlung GmbH München

S. 46: Reiner Kunze, Ordnung
In: Reiner Kunze, Die wunderbaren Jahre. © S. Fischer Verlag GmbH, Frankfurt am Main 1976

S. 48ff.: Herbert Malecha, Die Probe
In: Paul Hühnerfeld (Hrsg.), Die Probe. © Marion von Schröder Verlag, Hamburg 1955

S. 65: Thomas Mann, Gladius dei
In: Thomas Mann, Gesammelte Erzählungen in dreizehn Bänden, Band VIII: Erzählungen. © 1960, 1974 S. Fischer Verlag GmbH, Frankfurt am Main

S. 76f.: Joseph Roth, Der Vorzugsschüler
In: Werke, Bd. 3. © 1976 Verlag Kiepenheuer & Witsch, Köln

S. 79f.: Ludwig Thoma, Die zerrissene Hose
In: Ludwig Thoma, Lausbubengeschichten. © R. Piper Verlag, München 1905

S. 117: Walter Helmut Fritz, Bäume
In: Walter Helmut Fritz, Gesammelte Gedichte. © Hoffmann und Campe Verlag, Hamburg 1979

S. 122:	Wolf Biermann, Soldat, Soldat In: Wolf Biermann, Nachlass 1. © 1977 Verlag Kiepenheuer & Witsch, Köln
S. 124:	Bertolt Brecht, Drachenlied In: Bertolt Brecht, Gesammelte Werke. © Suhrkamp Verlag Frankfurt am Main 1967
S. 127:	Günter Eich, Verlassene Alm In: Günter Eich, Gesammelte Werke. Die Gedichte. © Suhrkamp Verlag Frankfurt/Main 1973
S. 128:	Hans Manz, Die Straßen sind lebensgefährlich In: Worte kann man drehen. © Beltz & Gelberg, Weinheim 1974

Bildnachweis

S. 61	Pedale, Tests und heiße Tipps. Landesverkehrswacht Baden-Württemberg, Innenministerium, 1981, S. 2
S. 62	Foto: Peter Jentzsch
S. 65 l.	Papst Leo X. mit den Kardinälen Giulio de' Medici und Luigi de' Rossi (Ausschnitt). Tafelbild von Raffael in den Uffizien/Florenz. © Scala, Florenz
S. 65 m.	Albrecht Dürer. Selbstbildnis. Gemälde. 1498, Madrid, Prado. © AKG, Berlin
S. 65 r.	Fra Girolamo Savonarola. Bildnis von Fra Bartolommeo im Museo di S. Marco/Florenz
S. 67/68	Wilhelm Busch: Plisch und Plum, Sechstes Kapitel
S. 69/71/73	e. o. plauen: Vater und Sohn, Süd-Verlag GmbH, Konstanz, 1982, mit Genehmigung der Gesellschaft für Verlagswerte GmbH, Kreuzlingen/Schweiz
S. 83	Buchmalerei von 1479. Staatsbibliothek Preußischer Kulturbesitz, Berlin
S. 84	Tells Apfelschuß. Holzschnitt aus Etterlins Chronik, 1507

Lösungsheft

Peter Jentzsch

Training Aufsatz

Textbeschreibung, Charakteristik, Gedichtinterpretation

7./8. SCHULJAHR

Ernst Klett Verlag
Stuttgart Düsseldorf Leipzig

Satz: Schwabenverlag AG, Ostfildern
Druck: Wilhelm Röck, Weinsberg
Beilage zu 3-12-922095-X

Textbeschreibung

1 Was ist eine Textbeschreibung?

AUFGABE 1

a) Einleitung: In einer ... pensioniert. (Z. 1–4)
Hauptteil A: Nach Ausscheiden ... zwei mal zwei gleich sechs. (Z. 6–21)
Hauptteil B: Es zeigte sich aber ... sogar eins. (Z. 22–37)
Schluss: Aber niemand ... abzählen. (Z. 37/39)

b) Hauptteil B:
- Gleichgültigkeit (Z. 25)
- stille, nur innere Auflehnung (Z. 26)
- Fragen an den Lehrer (Z. 26f.)
- aus Faulheit Hartnäckige bleiben bei der Lösung 2 x 2 = 9 (Z. 29f.)
- „artige Kinder“ (Z. 32) reagieren angepasst
- „Unartige“ verschmieren die Wände (2 x 2 = 4) (Z. 34f.)
- „weitsichtige Karrieristen“ (Z. 36)

Schluss:
Jeder kannte das richtige Ergebnis, ohne dies jedoch zuzugeben.

AUFGABE 2

a)
- Lehrkörperversammlung: Lehrersitzung, Konferenz
- intellektuell: hier: „geistig“
- sich engagieren: sich für etwas einsetzen
- etappenweise: schrittweise
- Variante: Spielart, eine andere Möglichkeit
- Karrierist: ein Mensch, der „Karriere“ machen, ehrgeizig im Beruf aufsteigen will.

b) Im zweiten Hauptteil der Geschichte werden die unterschiedlichen Reaktionen verschiedener Schülergruppen kurz zusammengefasst.
Es gibt Gleichgültige, die alles mitmachen, und andere, die die „Methode“ der Lehrer zwar für unsinnig halten, sich aber nicht sichtbar dagegen auflehnen.
Manche stellen Fragen an den Lehrer. Andere wollen einfach ihre Ruhe haben, deshalb bleiben sie hartnäckig bei der ersten Lösung (2 x 2 = 9).
Daneben gibt es „artige Kinder“, die angepasst reagieren, und „Unartige“, die die richtige Lösung (2 x 2 = 4) an die Wände der Toiletten schreiben.
Einige Schüler, die sich beim Schulleiter einschmeicheln wollen, schießen sogar über das Ziel hinaus und behaupten, dass 2 x 2 nur 2 oder 1 sei.

Nachdem er die verschiedenen Verhaltensweisen der Schüler aufgezählt hat, sagt der Erzähler überraschend in einem Schlussabschnitt, dass aber jeder Schüler die richtige Lösung kenne und nie daran gezweifelt habe.

AUFGABE 3

3. Hauptteil B:
   Unterschiedliche Reaktionen verschiedener Schülergruppen
   1. Mehrheit der Schüler reagiert gleichgültig
   2. kleine Gruppe reagiert trotzig, protestiert
   3. eine Strebergruppe redet den Lehrern nach dem Munde

4. Schlusskommentar des Erzählers
   Überraschender Schluss

AUFGABE 4

Im zweiten Abschnitt des Hauptteils werden die unterschiedlichen Reaktionen verschiedener Schülergruppen dargestellt. Die sieben Gruppen lassen im Wesentlichen drei unterschiedliche Verhaltensweisen erkennen: Die Einen reagieren gleichgültig, bequem, vorsichtig oder unauffällig. Sie bilden die Mehrheit der Schüler. Eine kleine Gruppe reagiert trotzig, indem sie gegen das Verwirrspiel der Lehrer protestiert. Eine letzte Gruppe bilden die Streber, die den Lehrern nach dem Mund reden.
Überraschend ist der Schluss. Er wird, wie der Anfang auch, nur kurz ausformuliert. Er sagt, was sich jeder Leser denken konnte: Man braucht die richtige Lösung nur an den eigenen Fingern abzuzählen.

AUFGABE 5

a) Einleitung:
   Die Geschichte lässt sich in vier Teile gliedern. Sie wird eingerahmt von einer kurzen Einleitung und einem ebenso kurzen Schluss. Im Zentrum stehen zwei Hauptteile. Der erste Hauptteil erzählt von den befremdlichen Maßnahmen eines Lehrerkollegiums, der zweite von den eigenwilligen, aber durchaus verständlichen Reaktionen der Schüler.

b) Schluss:
   Die deutliche Zweigliederung des Hauptteils zeigt, dass in dieser seltsamen Geschichte Lehrer und Schüler nicht an einem Strang ziehen, sondern im Wesentlichen als gegensätzliche Interessengruppen auftreten. Dies er scheint mir verwunderlich, weil doch beide im Grunde wissen müssen, dass zwei mal zwei nur vier sein kann. Deshalb frage ich mich, ob die Geschichte wirklich das meint, was sie mit ihrem Inhalt aussagt. Oder steckt vielleicht dahinter eine Bedeutung, die mit der Schule nur am Rande etwas zu tun hat?

AUFGABE 6

Siehe Lösung zu Aufgabe 4.

AUFGABE 7

1. Typisch Schule!

Die Geschichte könnte sich meiner Meinung nach so in der Schule abgespielt haben. Es gibt sicher Lehrer, die versuchen ihre eigenen Fehler oder die von Kollegen zu vertuschen. Allerdings stellen sie es hier ziemlich dumm an.

Der Text kritisiert aber nicht nur die Lehrer. Auch die verschiedenen Typen von Schülern können in der Wirklichkeit vorkommen. Es gibt Schüler, die zu faul oder zu bequem sind, wirklich mitzuarbeiten. Andere sind zu feige, den Lehrern zu zeigen, wo sie Fehler gemacht haben. Sie wagen sie ebenso wenig zu kritisieren wie jene Streber und Schmeichler, die den Lehrern nur nach dem Mund reden, um gute Noten zu bekommen.

Natürlich gibt es auch den einen oder anderen Mutigen, der den Lehrern zu widersprechen wagt, aber das sind nur wenige.

Komisch ist bei der Geschichte nur das übertriebene Versteckspiel: Jeder kennt die Lösung, Lehrer wie Schüler, aber keiner gibt es zu. Alle stellen sich dümmer an, als sie es in Wirklichkeit sein können. Deshalb bin ich mir nun nicht mehr so sicher, ob der Autor wirklich nur die Verhältnisse in einer Schule kritisieren will oder ob noch mehr dahinter steckt.

2. Verschlüsselte Wahrheit?

Nach meiner Meinung kann sich die Geschichte so nicht in einer Schule abgespielt haben. Sicherlich wird es Lehrer geben, die ihre Fehler gern vertuschen, und es gibt auch Schüler, die zu faul sind oder zu bequem, zu feige oder zu streberhaft, sich gegen Fehler und Ungerechtigkeiten zu wehren. Aber das konkrete Beispiel (2 x 2 = 9) zeigt, dass hinter dem Text mehr steckt, als man beim ersten Lesen erkennt. Die „Lehrmethoden" werden so übertrieben dargestellt, dass man sie nicht ernst nehmen kann. Die Frage, ob zwei mal zwei neun ist, kann heute jeder Grundschüler beantworten. Es ist auch keine Frage der „Wahrheit", ob eine Rechenaufgabe stimmt oder nicht. Das Wort „Wahrheit" deutet sicherlich an, dass der Autor auf ein größeres Problem in seiner Gesellschaft hinweisen will. Vielleicht geht es eher um die Wahrheit, die eine Regierung ihrem Volk vorenthält, als um die Rechenaufgabe, die vielleicht nur deshalb im Vordergrund steht, weil der Autor seine eigentliche Aussage verschlüsseln will, um von der Regierung, die er kritisiert, nicht bestraft zu werden.

Diese Erklärung liegt nahe, wenn man weiß, dass der Verfasser ein polnischer Journalist ist, der mit den Übertreibungen seiner Geschichte Verhältnisse kritisieren will, die früher in seinem Land herrschten.

2 Untersuchungsfragen der Textbeschreibung

AUFGABE 1

2. – Der Streit der Tiere oder: – das Lamm weist die ungerechtfertigten Vorwürfe des Wolfs zurück	Dialog (wörtliche Rede), szenische Vergegenwärtigung: Dehnung
3. – Glücklicher Ausgang des Streites für das Lamm oder: – Wolf landet im Tümpel oder: – Der entgangene „Lammbraten“	Kurze Zusammenfassung: Raffung

AUFGABE 2

Er ist klar aufgebaut. Der Wolf macht dem Lamm drei Vorwürfe, von denen es zwei überzeugend entkräftet, die dritte Antwort jedoch wartet der Wolf nicht mehr ab, sondern er springt los, um das Lamm zu zerreißen. Durch den Dialog mit Rede und Gegenrede wirkt dieser Hauptabschnitt besonders anschaulich und lebendig.
Schon mit dem dritten Vorwurf des Wolfs beginnt der Schlussabschnitt, weil der Wolf losspringt, bevor das Lamm antworten kann. Doch in dieser Fassung der Fabel springt er zu kurz, und das Lamm entkommt ihm. Am Ende steht ein glücklicher Ausgang für das Lamm, während die Gier des Wolfs bestraft wird.

AUFGABE 3

Wie ist die Fabel von Wolf und Lamm gegliedert?
Überflüssig ist der erste Abschnitt von: „Ich weiß nicht …“ bis „… kommen darin vor.“
Wenn man genau hinschaut, ist der Text in drei Teile gegliedert. Am Anfang, also im ersten Abschnitt, treffen Wolf und Lamm an einem Bach zusammen, um zu trinken. Im zweiten Erzählabschnitt streiten sie sich.
Der Wolf macht dem Lamm allerlei Vorwürfe, die es aber alle entkräften kann. Schon beim dritten Vorwurf beginnt der Schlussabschnitt, denn der Wolf wartet keine Antwort mehr ab, sondern handelt böse. Mit seinem Sturz ins Wasser endet die Fabel.

AUFGABE 4

a) … Über die Begegnung von Wolf und Lamm wird zu Beginn des Textes nur ganz kurz berichtet. Auf diese Raffung folgt im zweiten Abschnitt der Dialog, der den Streit zwischen Wolf und Lamm szenisch vergegenwärtigt (Dehnung). Dieser Dialog geht in den dritten Abschnitt über, der – wiederum gerafft – vom Missgeschick des Wolfs und vom glücklichen Ausgang für das Lamm berichtet.

b) Schlussabschnitt zur Textbeschreibung
Den Höhepunkt bildet der Sprung des Wolfs am Ende der wörtlichen Rede. Einleitung und Schluss sind sehr kurz gefasst. Sie rahmen das lebendige Zwiegespräch ein.
(Falls nicht schon in der Einleitung erwähnt:) Erkennbar ist die Gliederung nicht nur am inhaltlichen Ablauf der Handlung, sondern auch an der Art und Weise, in der erzählt wird: zwei kurze Berichte rahmen den etwas ausführlicher dargestellten Dialog ein.

AUFGABE 5

Das Verhalten des Wolfs	Bemerkungen zum Verhalten
4. sagte verärgert ... 5. schrie ... zornig	wird mit Worten aggressiv
6. sprang 7. plumpste	greift an und scheitert

AUFGABE 6

a)

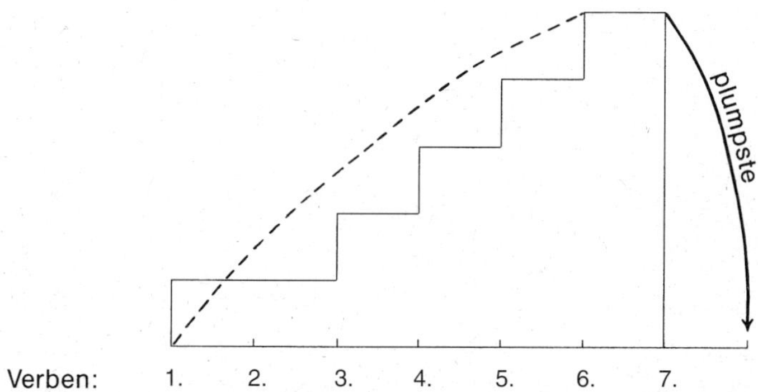

b) Die Skizze A zeigt alle drei Erzähl- oder Handlungsabschnitte der Fabel, die einleitende Begegnung von Wolf und Lamm, das darauf folgende Streitgespräch und schließlich das Ende der Begegnung. Der wesentliche Unterschied ist, dass alle drei Abschnitte in der Skizze auf einer Ebene liegen. Die Handlung scheint also ohne Höhe- und Tiefpunkte zu verlaufen. Nur die drei Gliederungsabschnitte sind deutlich zu erkennen.

c) Der Wolf verhält sich anfangs zurückhaltend („kam“, „sah“), wird aber dann zunehmend aktiver. Zuerst greift er das Lamm nur mit Worten an und will es mit seinen unbegründeten Vorwürfen ins Unrecht set-

zen. An den Verben, die der Erzähler gebraucht, um diesen Vorgang darzustellen, sieht man das deutlich: zuerst fragt er – wenn auch „lauernd" und mit hintergründiger Absicht –, danach sagt er verärgert etwas, schließlich schreit er sogar zornig. Er wird immer lauter und drohender. Das kann man in einer aufsteigenden Kurve gut darstellen.
Als ihm dies alles nichts nutzt, weil ihn das Lamm stets widerlegen kann, springt er los. Aus einem Angriff mit Worten werden Tätlichkeiten. Das ist der Höhepunkt seiner unrechtmäßigen Gewalttaten. Weil er dabei aber sein Ziel verfehlt und in einen Tümpel plumpst, fällt die Spannung ab. Er liegt im Schlamm und hat das Nachsehen.
Man kann sich gut vorstellen, wie der Wolf im hohen Bogen springt und dann im Tümpel landet. So ähnlich verläuft auch die Spannungskurve. Der Leser merkt gerade auch an den Verben, die das Verhalten des Wolfs zeigen, dass das Lamm immer stärker bedroht wird, erst durch Worte, dann durch Taten. Doch schließlich geht der Wolf – im wahrsten Sinne des Wortes – baden.

AUFGABE

7 Über das Aussehen der Tiere wird zwar nichts im Text gesagt, aber man kann sich vorstellen, dass der Wolf – ein Fleischfresser – ein großes, kräftiges und gefährliches Tier ist. Das Lamm hingegen stelle ich mir klein, schwächer und machtlos im Verhältnis zum Wolf vor.
Der Erzähler führt beide Tiere schon anfangs mit bestimmten Eigenschaften ein. Den Wolf nennt er „beutelüstern", das Lamm hingegen trinkt „friedlich". Damit stehen die Tiere nicht nur vom Äußeren her, sondern auch in der Erzählabsicht des Autors als Gegensatz einander gegenüber.
Dieser Gegensatz zeigt sich auch im Verhalten beider Figuren. Aus den sieben Verben, mit denen der Erzähler das Tun des Wolfs beschreibt, wird seine Angriffslust deutlich. Zuerst prüft er die Lage, dann fordert er das Lamm durch ungerechtfertigte Vorwürfe heraus, die das Lamm aber leicht widerlegen kann. Schließlich wird er tätlich und springt los, um das Lamm zu töten. Er wird zunehmend aggressiver und brutaler.
Das Lamm dagegen beschränkt sich darauf, seine Vorwürfe zu widerlegen und – in höchster Gefahr – zu fliehen. Es bleibt, wie am Anfang der Fabel angekündigt, friedlich. Dass es zum Schluss den Wolf auslacht, geschieht dem arglistigen Räuber recht. So werden nicht nur seine Lügen entlarvt, er wird auch noch dafür bestraft.

AUFGABE

8 a) Hauptteil: …

2. Lamm	– widerlegt Vorwurf	
	– sagt Wahrheit	
	– entlarvt Wolf	

3. Wolf
- versucht es wiederholt
- wird zweimal widerlegt
- wird zornig
- greift brutal an, weil seine Lügen aufgedeckt sind

Schluss:
Wolf als Lügner entlarvt
Lamm sagt Wahrheit (vgl. Erzählerhinweise)
- Worte des Wolfs verschleiern seine Absicht
- Gegensatz zwischen beiden Tieren
- Erzähler deutet das schon eingangs an
- auch Verben zeigen Wolf als gefährlich

b) In dieser Fabel begegnen sich zwei sehr verschiedene Tiere. Der Wolf wird als „beutelüstern“ und damit als gefährlich vorgestellt, das Lamm als friedliches Tier. Wie sprechen und argumentieren diese gegensätzlichen Figuren im Text? Der Wolf stellt anfangs nur scheinbar eine Frage. In Wirklichkeit ist es ein Vorwurf, ja sogar eine Lüge, wenn er behauptet, das Lamm trübe ihm das Wasser. Das ist nämlich nicht möglich, denn er trinkt oberhalb vom Lamm, wie der Erzähler schon im Einleitungsabschnitt sagt.
Das Lamm kann den ersten Vorwurf leicht widerlegen, indem es seine Antwort im Blick auf die Tatsachen begründet: „Wie kann ich dir das Wasser trüben, da es doch von dir zu mir herabfließt?“
Der Wolf gibt nicht auf, auch wenn er kein echtes Argument mehr hat. Er wechselt das Thema und wirft dem Lamm üble Nachrede vor. Als das Lamm auch diesen Vorwurf widerlegt, schreit er zornig: „Dann ist es dein Vater gewesen!“ Und als ihm damit das letzte Scheinargument ausgegangen ist, greift er das Lamm brutal an, um es zu töten.
Er benutzt die Worte nur, um seine wahren Absichten zu verschleiern. Das Lamm hingegen sagt die Wahrheit. Auch in ihren Worten zeigen sich beide Figuren als gegensätzlich. Das wird vor allem dann deutlich, wenn man neben den Worten der Figuren auch liest, was der Erzähler über beide Gestalten sagt: er charakterisiert eingangs das Lamm als „friedlich“, den Wolf als „beutelüstern“. Auch die Verben, mit denen der Erzähler das Verhalten des Wolfs beschreibt, bestätigen diese Beobachtung.

3 Das Zusammenspiel wichtiger Bauelemente

AUFGABE 1

a) A beginnt jeweils zu sprechen in den Zeilen 1, 7, 9, 40, 49, 51, 74, 76, 99, 101, 107.
Er spricht in der Kneipe, in der Erzählergegenwart.

B beginnt jeweils zu sprechen in den Zeilen 3, 6, 9, 11, 15, 26, 35, 41, 50, 52, 75, 77, 86, 90, 93, 96, 100, 101, 104.
Auch er spricht in der Erzählergegenwart, berichtet aber von einer Begegnung, die sich vor vierzig Jahren auf einer Parkbank ereignet haben soll.

C beginnt zu sprechen in den Zeilen 19, 22, 29, 85, 89, 91, 95.
Er ist eine Gestalt aus der Geschichte des Erzählers B, die sich vor vierzig Jahren ereignet haben soll. Er spricht in der Erzählervergangenheit.

b) 2. Im Ärger, weil er sich verspottet glaubt, wünscht der (damals) jüngere Mann (B) den Alten (C) „zum Teufel".
3. Der Alte (C) verschwindet spurlos im Augenblick der Verwünschung. Damit ist der erste Wunsch vertan.
Weil ihn Gewissensbisse plagen, wünscht der Junge (B) den Alten (C) zurück auf die Bank.
4. Der zweite Wunsch wird auch erfüllt. Der Alte sitzt wieder da – mit Spuren der Verbrennung an Haaren, Bart und Augenbrauen. Er ermahnt den Jungen (B), den letzten Wunsch besser zu hüten. Dieser (B) verspricht es feierlich beim Abschied.
S: Erzähler (A) fragt (B) ob er nun glücklich sei. (B) gibt keine Antwort, aber seine „blitzblanken Augen" deuten an, dass er glücklich ist.

AUFGABE 2

Hauptteil:
Die Binnenerzählung ist die Geschichte des alten Mannes (B) mit Augen, die „blitzten wie eine blankgefegte Eisbahn". Sie habe sich, so erzählt er, vor vierzig Jahren auf einer Parkbank zugetragen. Ein alter Mann (C), der ausgesehen habe „wie der Weihnachtsmann in Zivil", habe ihm drei Wünsche freigestellt. Zwei davon habe er vertan, indem er den Alten (C) zunächst zum Teufel, dann auf die Bank zurück gewünscht habe. Den dritten Wunsch habe er sich aufgespart.
Im Schlussabschnitt wird wieder an die Rahmensituation erinnert. Anfangs hatte der Erzähler (A) vermutet, dass bei dem Alten (B) „der Schinken des Glücks im Rauchfang" hinge. Auf seine abschließende Frage, ob jener glücklich sei, gibt der Alte keine Antwort, aber seine „blitzblanken Augen" sprechen dafür.

Erzählrahmen und Binnenerzählung sind nicht immer klar voneinander getrennt. Zwar wird in Einleitung und Schluss deutlich, dass die Gesprächspartner in einer Kneipe sitzen. Die Binnenerzählung des Alten (B) aber wird mehrfach von den Zwischenfragen des Jüngeren (A) unterbrochen. Man muss als Leser aufpassen, wer gerade spricht, aber diese Zwischenfragen machen die Geschichte zugleich lebendig und spannend. Der Jüngere (A) scheint die Geschichte ernst zu nehmen. Damit wirkt sie beinahe glaubhaft, obwohl sie natürlich – das sagt auch der Titel – ein Märchen ist.

Schluss:
Die enge Verbindung von jederzeit glaubhafter Rahmensituation und unwahrscheinlicher Binnenerzählung macht dieses Märchen nicht nur besonders lebendig, sie regt auch dazu an, ernster darüber nachzudenken. Vielleicht wären auch heutzutage viele Menschen glücklicher, wenn sie glaubten, sie hätten – beispielsweise in einer besonderen Notlage – einen Wunsch frei.

AUFGABE 3

a) Die Familie des Ich-Erzählers:
- Ich-Erzähler
- seine Mutter
- sein Vater
- Hans, der Jüngste
- Elli, seine Schwester
- Herbert, sein Bruder

Die Familie Dörfelt:
- Frau Dörfelt
- Herr Dörfelt
- Klaus
- Achim
- Klunker-Paul (Untermieter)

Außenstehende: Frau Muschg, „irgendwer", gesamte Nachbarschaft, der Hausbesitzer Lehmann.

b) A = Familie des Ich-Erzählers,
D = Familie Dörfelt

Verhalten der Nachbarfamilien	„Hilfsmittel" (Requisiten)	Folgen des Streits
5. Herr D. schlägt Elli (A)	Tätlichkeiten (Hände)	Rock zerrissen, Gesicht verletzt
6. Mutter (A) wirft …	… mit Blumentöpfen	„erbitterte Feindschaft zwischen den Familien"
7. Herbert installiert …	… Scherenfernrohr	Ds. werden beobachtet
8. Ds. schießen …	… mit Luftgewehr	Ich-Erzähler schießt mit Kleinkaliberbüchse zurück
Ds. installieren …	… Bombe	Auto (A) explodiert

9. Vater (A) will Polizei einschalten, ist um Ausgleich bemüht		
Mutter (A) dagegen	üble Nachrede der Familie D (Baden!)	Fortsetzung der Kämpfe
10. Fortsetzung der Kämpfe „in aller Härte“ beschlossen (A)		
11. Herr D. fällt in Grube	Stacheldraht, Fallgrube	Bein gebrochen, alle lachen
As. legen ...	... Plastikbombe in Ds. Auto	Untermieter Klunker-Paul „ging ... hoch“ (= getötet)
12. Ds. nehmen leicht etwas übel, schießen ...	... mit Flakgeschütz	Haus beschädigt
13. As. setzen auf dem Dachboden ...	... Atomkanone ein	
Ds. schießen dagegen	Atomkanone	alle werden getötet, die Stadt wird vernichtet

AUFGABE 4

1. Personenverhalten im Konflikt
   - zwei Familien im Konflikt
   - bilden zwei feindliche Gruppen
   - kämpfen schadenfroh und rücksichtslos
   - nur Vater des Erzählers macht zaghaften Versöhnungsversuch
2. Handlungsaufbau durch Steigerung der Feindseligkeiten
   - Streit mit Worten, Beschimpfungen
   - Tätlichkeiten, Prügeleien
   - „Hilfsmittel“ verschärfen Streit
3. Wie die Steigerung des Konfliktes durch „Requisiten“ gezeigt wird
   - anfangs Haushaltsgegenstände (Flaschen, Blumentöpfe)
   - später Gewehre
   - Fallgrube, Plastikbombe
   - Steigerung: Flak
   - Vernichtung durch Atomkanone
4. Paralleles Verhalten als weiteres Bauprinzip des Textes

- keine Seite gibt nach
- jede Tat wird vergolten
- niemand will mit den Mitteln zurückstehen
- jeder will den anderen übertreffen

AUFGABE 5

1. Der Ablauf der Handlung wird vom Verhalten der beiden verfeindeten Personengruppen bestimmt. Jede Familie bildet eine Gruppe, die alle Mitglieder der anderen bekämpft, und zwar ebenso schadenfroh wie rücksichtslos. Nur der Vater macht einen zaghaften Versuch, vor dem Höhepunkt der Auseinandersetzung eine Versöhnung anzustreben. Insgesamt aber prägt Aggression das Verhalten aller beteiligten Personen und damit auch den Aufbau der Handlung.

2. Besonders augenfällig ist im Ablauf der Ereignisse das Gestaltungsprinzip der Steigerung. Die Feindseligkeit wächst stetig. Der Streit beginnt mit Worten, Beschimpfungen, geht dann in Tätlichkeiten über und gipfelt in einem Kampf mit Waffen, den keiner überlebt.

3. Die Steigerung des Konfliktes wird nicht nur in den immer gefährlicheren Tätlichkeiten sichtbar, sondern auch am Gebrauch bestimmter „Requisiten“. Nach den anfänglichen Prügeleien sind das zunächst Haushaltsgegenstände wie Milchflaschen und Blumentöpfe, später sind es Gewehre, eine Fallgrube und eine Bombe, mit denen sich die verfeindeten Familien bekämpfen. Der Höhepunkt ist erreicht, als eine Familie das Haus der anderen mit einer Flak beschießt und die anderen mit einer Atomkanone antworten, womit sie nicht nur sich gegenseitig, sondern die ganze Stadt vernichten.

4. Als weiteres Bauprinzip lässt sich das jeweils parallele Verhalten aller Beteiligten erkennen. Keiner will dem anderen nachstehen. Das beginnt bei den gegenseitigen Beschimpfungen und endet bei dem Gebrauch tödlicher Waffen. Jeder will den anderen an Unversöhnlichkeit und zerstörerischem Einfallsreichtum übertreffen, bis alle tot sind.

AUFGABE 6

Zeitablauf (Wann?)	Beteiligte Personen	Ereignisse und ihre Folgen	Wie reagiert Hansl darauf?
4. während der Lehre (7 Jahre)	Hansl, (Meister), Förster	fast erfroren, halb tot	freute sich
5. nach sieben Jahren	Hansl, Meister	Gans als Lohn für sieben Jahre	freute sich

6. nach Abschluss der Lehre	Hansl	die Gans läuft davon, damit ist der Lohn für sieben Jahre weg	er freut sich und tröstet sich, dass es kein Pferd war
7. 3 Tage lang	Hansl, seine Mutter	Kriegsausbruch, er muss zu den Soldaten	Freude, Trost
8. und dann	Hansl, „sie“ (die Feinde)	Verlust eines Beines im Krieg	Freude, Trost
9. nach dem Krieg	Hansl, seine Mutter	Krieg verloren	Freude
10. als er heiratet	Hansl, Liesa	er heiratet eine ganz faule Frau	Glück
11. danach	Hansl, Liesa, Hausierer	sie läuft mit dem Hausierer davon	freute sich
12. später	Hansl, Liesa	sie kommt wieder zurück	freute sich
13. am Ende	Hansl	Rückblick auf ein glückliches Leben	Glück

AUFGABE

7

Janoschs Märchen vom „Hans im Glück“ lässt sich zunächst in 13 Erzählabschnitte gliedern. Die ersten drei fassen Kindheit und frühe Jugend zusammen, die nächsten drei (4–6) die Lehrjahre. Darauf folgen die Mannesjahre (7–9) – daheim und im Kriege – und schließlich die Ehe mit der faulen Liesa (10–12). Der letzte – dreizehnte – Abschnitt ist ein Rückblick auf das ganze Leben.
Erkennen kann man diese Gliederung einerseits an den ständig wechselnden Ereignissen, den verschiedenen Schauplätzen und den ständig wechselnden Personen. So stürzt Hansl schon als kleines Kind aus dem Bett, später wirft man ihm einen Stein an den Kopf, und er wird von einem Motorrad überfahren.
Ein Missgeschick folgt dem anderen, doch Hansl freut sich immer, dass es nicht schlimmer ausging. Der Erzähler betont dies nach jedem Ereignis: „Da freute sich der Hansl ...“ Durch diesen Kommentar wird der Text ebenso gegliedert wie durch die Hinweise auf die fortschreitende Zeit.
Der Erzähler benutzt die natürliche zeitliche Reihenfolge. Er beginnt mit der Geburt und schließt mit dem Sterben seines Helden. Nur am Lebensende schaut Hansl zurück: „Schön war's gewesen ..., und Glück hab' ich gehabt – immer nur Glück.“

AUFGABE 8

a) „Heben!“ Der Bauarbeiter dort unten reißt die Arme hoch. Jetzt brüllt er: „Hoch!“ Hören kann man davon nichts, hier oben in der Krankabine. Andres zieht an, die Stahlseile werden vom Elektromotor gespannt. Es geht ein Knacken durch das Eisenhaus, in dem Andres sitzt und die Last dort unten beobachtet. Eine gewaltige Betonplatte mit viereckigen Öffnungen hängt schräg am Seil. Zwei Arbeiter halten sie fest, damit sie sich nicht dreht. Beide haben graue Hüte auf. Ihr Gesicht kann man nicht sehen. Das sind Josef und Marco, der Italiener. Andres dreht jetzt mit dem Kran, schwenkt langsam um nach links. Dort vorn dreht sich der Supermarkt vorbei, die Schule und die Tankstelle. Noch weiter links taucht der Versicherungsneubau auf. Dahinter Hochhäuser. Halt, das war schon zu viel. Etwas zurück.
„Halt“, schreien die da unten, was da oben niemand versteht, aber sie strecken ihre Arme waagrecht aus, das heißt: Halt! „Ab“, wird kommandiert. Sie zeigen auf eine graubraun schraffierte Stelle. Das sind die Baustahlverankerungen für die Betonwand.
„Ab“, sie lassen die Arme sinken. Langsam lässt Andres die Betonwand herunter. Zwei Arbeiter drehen sie schwerfällig auf die Baustahlverankerungen zu. Andres passt jetzt genau auf. Seine Augen werden schmale Schlitze, ganz langsam drückt er den Hebel. Die Platte senkt sich, berührt die graubraun schraffierte Stelle, da fahren da unten vier Arme hoch mit dem Daumen nach oben: „Auf!“ Hat nicht geklappt. Irgendeiner hat beim Ansetzen wieder geschlafen. Wahrscheinlich der Stulpe links. Hat wieder einige zu viel getrunken gestern. Vermutlich. Der sieht überhaupt lahm aus heute. Andres schiebt sein Kabinenfenster auf: „Stulpe, halt dich gut an der Platte fest, damit du nicht umfällst!“
Das war laut. Die da unten legen ihre Köpfe schief, sehen rauf zur Kabine. Jetzt sieht Andres ihre Gesichter, ihre Zähne. Sie lachen. Normalerweise sieht Andres keine Gesichter, nur Hüte und Schultern (…) Den ganzen Tag (…) Ab und zu muss man ein Gesicht sehen. Jetzt war halt der Stulpe fällig. (…)

b) Es sind die Gedanken des Kranführers Andres.

c) Der Erzähler ist vermutlich in der Krankabine „versteckt“. Er weiß so viel über die Bauleute, wie Andres weiß oder vermutet.

AUFGABE 9

Der Text von Frieder Stöckle beschreibt Vorgänge auf einer Baustelle. Der Erzähler nimmt dabei den Leser gleichsam mit in eine Krankabine. So sieht er alle Vorgänge aus der Perspektive des Kranführers Andres.
Zwar tritt der Erzähler nicht deutlich in Erscheinung, aber ich stelle mir vor, dass er auch mit in der Krankabine ist, sonst könnte er nicht sehen, wie Andres' Augen „schmale Schlitze“ werden.

Erzählt wird aus der Er-Perspektive: „Andres zieht an …" Dennoch deutet die erlebte Rede an, dass sich der Erzähler in Andres hineinversetzt, wenn dieser sich über Stulpe ärgert: „Hat wieder einige zu viel getrunken, gestern."
Der Autor gebraucht, wie die Beispiele zeigen, eine Reihe von Darstellungsmitteln, die den Leser fast in die Geschehnisse des Textes hineinziehen. Er kann sich z. B. durch die erlebte Rede gut in die Situation eines Kranführers hineinversetzen, auch wenn er selbst noch nie in einer Krankabine gewesen ist.

4 Beschreibung literarischer Textsorten

AUFGABE 1

Merkmale der Textsorte	Textbeispiel: Phädrus
3. Schauplatz in der Natur	– am Bach
– Streitanlass (löst Konflikt aus)	– Wolf wirft Verunreinigung des Wassers vor
– Handlungsort	
4. Gliederung in vier Erzählabschnitte	
• Eingangssituation (Figuren, Schauplatz, Konflikt)	• Begegnung am Bach
• Hauptteil: Dialog Konflikt zum Höhepunkt geführt durch: – Verhalten einer Figur – Reaktion der anderen Figur	• „Du hast das Wasser … getrübt!" – Vorwürfe des Wolfs – Lamm widerlegt Vorwürfe
• Streitausgang – teils kurz berichtet – teils unerwähnt	• Wolf zerreißt (tötet) Lamm („Schrie jener und zerriss es")
• Lehre – manchmal formuliert – oft vom Leser zu erschließen	• wird ausgesprochen (siehe Punkt 6)
5. Sprache nicht einheitlich zu bestimmen – teils einfach – teils anspruchsvoll (Anspielungen)	z. T. anspruchsvoll: „Da reizte gleich den Wolf des Rachens wilde Gier", d. h., er hatte Fresslust.

6. Erzählabsicht – Lebenserfahrung, Lehre (moral) – teils ausgesprochen – teils zu erschließen	deutlich formuliert: „Die Fabel geht auf den, der Menschen ohne Schuld/Durch falsche Unterstellung ins Verderben zieht.“ Das ist eine Anklage gegen falsche Beschuldigung, unrechtmäßigen Machtmissbrauch.

AUFGABE **2**

Genau betrachtet, sind alle typischen Kennzeichen in der besonders kurzen Fabel enthalten. Nur der Schluss (als dritter Erzählabschnitt) fehlt, und die Lehre muss man selbst herausfinden. Sie könnte heißen: Wer gut informiert ist („habe im Äsop gelesen“), kann anderen überlegen sein. Das (moderne) Lamm hat aus Fehlern oder Missgeschicken seiner Vorfahren gelernt, so wie auch wir aus den Fehlern der Vergangenheit lernen könnten.

AUFGABE **3**

2. Handlungsbeginn, Eingangssituation	
– unvermittelt	– „Die (welche?) Mädchen und Jungen saßen …“
– Schauplatz nur angedeutet	– leere Bahnhofshalle, Eckbank
– Personen nicht vorgestellt	– siehe oben
– Konfliktstoff	– noch unbekannt
3. Handlungsablauf	
– zügig (erzählte Zeit)	– Sehr kurze Erzählung, eher Bericht; die Vorgänge dauern kaum länger als 10 Minuten.
– linear (keine Nebenhandlung)	– Was die Polizisten draußen tun, bleibt dem Leser unbekannt (Textaufbau übersichtlich).
– Höhe- oder Wendepunkt rasch erreicht	– Polizisten setzen Jugendliche vor die Tür.
– Gedankenabläufe wichtig (als Interessengegensätze)	– Auseinandersetzung über verschiedene Vorstellungen von „Ordnung“.
– Stimmungen, Gefühlsregungen	– Werden nicht direkt ausgesprochen, sind aber denkbar: Polizei ärgert sich über Schlagfertigkeit der Jugendlichen; diese sind am Schluss sicher zornig über die Härte der Polizei
Schluss	
– unvermittelt,	– Jugendliche auf die Straße gesetzt:

unerwartet (?)	eine unverhältnismäßig harte Maßnahme
– unausweichliche Lösung	– Ja, denn die Jugendlichen mussten sich der Ordnungsmacht fügen.
– pointierte Formulierung	– Schlusssatz mit einem (dem einzigen im Text) Sprachbild des Erzählers: „Der Zeiger … wippte auf die Eins wie ein Gummiknüppel."

4. <u>Personengestaltung</u>

– wenige Personen	– zwei Transportpolizisten, einige junge Leute
– Früheres und Zukünftiges bleibt im Dunklen	– der Leser erfährt so gut wie nichts aus dem Leben der Personen
– Menschen in Konfliktsituationen	– die Jugendlichen erregen den Unwillen des Machtapparates; versuchen sich zu behaupten

5. <u>Sprache</u>
(schwer auf typische Kennzeichen festzulegen)

– Berichtstil	– viele (kurze) Hauptsätze, knappe Sprache, z. B.: „Ihr Gespräch verstummte rasch."
– Bildhafte Sprache	– nur ein Sprachbild am Schluss, deshalb wohl besonders wirksam (ein Vergleich): „Der Zeiger … wippte auf die Eins wie ein Gummiknüppel." (Die Vorstellung vom Gummiknüppel passt zum Verhalten der Polizei.)
– Dialoge auf dem Höhepunkt der Handlung	– kurzes Streitgespräch über die Frage, was „Ordnung" sei

6. <u>Erzähltechnik</u>

– selten Vorausdeutungen	– allenfalls der Hinweis auf die Abfahrtszeit des Zuges
– selten Rückblicke	– nur Hinweis auf das Jazzkonzert, aus dem die Jugendlichen kommen
– Leser direkt in Situation versetzt, Zeuge des Geschehens	– durch zügige Einführung, vor allem durch den Dialog als szenische Vergegenwärtigung; man erlebt die Schlagfertigkeit der Jugendlichen und die Sturheit der Polizei mit
– erlebte Rede, innerer Monolog	– entfallen

– kein Kommentar des Erzählers	– Nur das Sprachbild am Schluss könnte man als Kommentar gegen die Unnachgiebigkeit der Polizei werten.

AUFGABE 4

Fortsetzung des richtigen Aufsatzes 1
Den Schäferhund könnte man als wichtiges Requisit betrachten. Immerhin unterstützt er die Macht der Polizei und hat insofern Einfluss auf die Vorgänge.
Das frühere und das zukünftige Leben beider Personengruppen bleibt im Dunkeln, auch das ist typisch für eine Kurzgeschichte. Der Leser erfährt lediglich, was unmittelbar vorher war, nämlich ein Jazzkonzert, außerdem nur noch, dass die Jugendlichen bis zum nächsten Zug warten müssen.
Wer sich in der Konfliktsituation bewährt und wer scheitert, ist nicht leicht zu sagen. Vordergründig scheitern die Jugendlichen, denn sie müssen der Macht weichen und stehen im Regen. Aber der Leser kann die Sache auch anders sehen: Er kann die Ansicht vertreten, die Polizisten hätten versagt, denn ein wenig großzügiger hätten sie schon sein dürfen. Bei vielen Kurzgeschichten ist anzunehmen, dass sich das Leben der Betroffenen grundsätzlich ändert. Darüber wird hier nichts gesagt, aber man könnte sich vorstellen, dass die Jugendlichen keine gute Erinnerung an diese Begegnung mit der Polizei haben werden.
Die Textbeispiele zeigen, dass Reiner Kunze die wesentlichen Merkmale der Personengestaltung genutzt hat, die auch sonst bei Kurzgeschichten eine Rolle spielen, z. B. die Personengruppierung in Konfliktsituationen, die indirekte Darstellung der Personen und ihre Bewährung bzw. ihr Scheitern am Ende der Kurzgeschichte.

AUFGABE 5

2. Im zweiten Erzählabschnitt versucht er, während er weitergeht, das Erlebnis zu verarbeiten. Durch Redluffs Gedanken erfährt der Leser, dass dieser Mann steckbrieflich gesucht wird und deshalb fürchtet, erkannt zu werden. Mit dem Gedanken an seinen (gefälschten) Pass schöpft er Mut und wird innerlich etwas ruhiger, aber körperlich spürt er seine Aufregung noch: „Langsam ließ das Klopfen im Halse nach." Aber seine Finger sind noch „kalt und schweißig". Je weiter er sich aus dem belebten Stadtzentrum entfernt, desto ruhiger wird er. Seine Stimmung steigt ein wenig.
3. Nach der Bewegung im zweiten Erzählabschnitt folgt (zumindest äußerlich) eine Ruhepause im dritten. In einer kleinen Kneipe fühlt er sich zunächst wohl. Doch eine polizeiliche Passkontrolle bringt neue Aufregung. Er zwingt sich zu Gelassenheit, übersteht die „Probe" seines gefälschten Ausweises und bleibt ungeschoren. Da schnellt sein Stimmungsbarometer in die Höhe.

4. Wie im zweiten Erzählabschnitt, so sieht man ihn im vierten auch wieder in Bewegung. Redluff geht nun wieder in belebtere Gegenden, ermutigt durch seinen Pass. Doch befindet er sich – anders als im zweiten Abschnitt – jetzt in Hochstimmung. Wich er früher den Menschen aus, so scheut er sich nun nicht mehr vor ihnen. Die Stimmungsgegensätze könnten kaum größer sein: „Ihm war wie nach Sekt. Ewig hätte er so gehen können, so wie jetzt." Gerade beim Vergleich des zweiten und vierten Abschnitts zeigt sich, dass die Geschichte nicht nur nach dem Prinzip der Steigerung aufgebaut ist, sondern auch von Gegensätzen belebt wird.
5. Unternehmungslustig und in Hochstimmung folgt er im fünften und letzten Abschnitt einem hübschen jungen Mädchen in die Eingangshalle einer großen Ausstellung. An diesem letzten der drei Hauptschauplätze wird er sogar als 100 000. Besucher empfangen und beglückwünscht. Er ist so überrascht, „wie betäubt", dass er alle Vorsicht vergisst und seinen wahren Namen verrät. So wird der Höhepunkt seiner Stimmung zugleich zum Wendepunkt seines Schicksals. Er wird (vermutlich) verhaftet.

Der Ausblick auf die Gliederungsabschnitte und auf den Inhalt des Textes zeigt, dass der Text nach drei Gesichtspunkten aufgebaut ist: 1. Redluffs Gefühle und Stimmungen steigern sich, von einem Tiefpunkt am Anfang bis zu einem Höhepunkt, der für ihn aber zugleich den Absturz in die Gefangenschaft bedeutet. 2. Der erste, dritte und fünfte Abschnitt sind je von einem Hauptereignis bestimmt. Die beiden ersten Ereignisse werden in dem jeweils folgenden Abschnitt gedanklich verarbeitet. Nur zum dritten Ereignis muss sich der Leser selbst seine Gedanken machen.
Auch Gegensätze bestimmen den Aufbau der Kurzgeschichte. Das zeigen nicht nur die unterschiedlichen Stimmungen im zweiten und vierten Abschnitt, sondern auch das Wechselbad der Gefühle, dem Redluff in der Kneipe ausgesetzt ist. Am deutlichsten zeigt sich die Gegensätzlichkeit, als der Höhepunkt seiner Stimmung zugleich zum Wendepunkt seines Schicksals wird.

AUFGABE 6

3.

Redluff klammert sich an die Tischkante, Z. 79	... Der Raum schien zu schwanken, ... Z. 80ff.
Redluff drückt seine Zigarette aus, Z. 89	... er war plötzlich ganz ruhig, Z. 90
	... seine Hand fühlte den Stoff nicht ... sie war wie von Holz ..., Z. 91/92
	unnatürliche Ruhe, Z. 96

Redluff lehnt sich in seinen Stuhl zurück, Z. 103	Die Spannung in ihm zerbröckelte … er hätte jubeln können, Z. 103/104
• Draußen atmete er auf … am liebsten hätte er gesungen, Z. 107/108	grenzenlose Erleichterung hat ihn erfasst, Hochstimmung
4. Draußen atmete er tief…, Z. 107 … seine Schritte schwangen weit aus …, Z. 107 (jemand fasste seinen Arm) „Tut mir leid" Z. 113 er … lächelte …, Z. 113f. … nestelte … an seiner Krawatte (Unternehmungslust?) Z. 115 … er hatte den Schritt der vielen …, Z. 121f	… am liebsten hätte er gesungen. Z. 108 Es tat ihm wohl, wenn sie ihn streiften. Z. 112 Verdammt hübsch, sagte er zu sich. (Innerer Mono log) Z. 115f. Ihm war wie nach Sekt. Ewig hätte er so gehen können …, Z. 120f. Er gehörte wieder dazu …, Z. 121
5. … ging er … auf die große Halle zu …, Z. 123	

AUFGABE

7

Er achtet darauf, dass ihn die Passanten nicht streifen (Z. 23) und versucht, sich ihrem Schritt anzupassen (Z. 25f.), um nicht aufzufallen. Doch er fühlt sich „einem Platzregen von Gesichtern" ausgesetzt (Z. 24f.). Dieses Sprachbild zeigt, dass er sich noch immer unsicher fühlt. Der Erzähler nennt seine Gefühle und Stimmungen nicht direkt. Er sagt z. B. nicht, „Redluff hat Angst". Er zeigt vielmehr an seinen Bewegungen oder Gedanken, was ihn gerade bewegt. So fährt er beispielsweise mit der Hand an den Kragen (Z. 32f., 49) und merkt dabei, dass seine Finger „kalt und schweißig" (Z. 33f.) sind.

Während er sich Mut zuredet, hat er sich weiter von der belebten Gegend wegbewegt. Erst in einer Seitenstraße findet er – in einer kleinen Kneipe – ein wenig Ruhe, bis ihn eine Passkontrolle in neue Aufregung versetzt, die der Leser wieder an einer Reihe von Bewegungen und Gedankenströmen wahrnimmt.

Doch da sein Pass nicht als Fälschung erkannt wird, verlässt er die Kneipe in bester Stimmung: „seine Schritte schwangen weit aus, am liebsten hätte er gesungen" (Z. 108). Wieder geht er durch Straßen, nun im vierten Abschnitt der Kurzgeschichte. Hatte er bei seinem Weg aus dem Zentrum – im zweiten Erzählabschnitt – jeden Kontakt zu anderen gemieden und fühlte er sich als Ausgestoßener, so hat er jetzt „den Schritt der vielen"

(Z. 121f.), bewegt sich locker, frei und ohne Angst unter den Menschen. Ja: „Es tat ihm wohl, wenn sie ihn streiften“ (Z. 112f.). War seine Stimmung vorher gedrückt, so ist er jetzt gelöst, beschwingt, unternehmungslustig. Er ist wie verwandelt, findet eine junge Frau „verdammt hübsch“ (Z. 114) und wird ihr dann in eine Ausstellung folgen. Hatte ihn auf dem Weg zur Kneipe die Angst im Griff, so fühlt er sich nun frei und unbeschwert. „Ihm war wie nach Sekt. Ewig hätte er so gehen können“ (Z. 120f.). Diese Hochstimmung lässt sich nicht nur aus seinen Bewegungen schließen. Auch die inneren Monologe verraten es dem Leser. Kennzeichnend wie für jede Kurzgeschichte ist der zügige Handlungsablauf ohne Nebenhandlungen. Er führt ohne Umwege zu Höhepunkt und Wende (Z. 132ff.). Gedankenabläufe, die wechselnden Stimmungen und Gefühlsregungen der Hauptperson prägen ganze Erzählabschnitte.

AUFGABE 8

Allgemeine Merkmale	Beispiele aus „Die Probe“
1. Inhalt und Problematik	
– kurze Erzählzeit	– nur wenige Minuten Lese- bzw. Erzählzeit
– Alltagsereignisse	– Gang durch Straßen, Kneipenbesuch usw.
– Zustände, Vorgänge in einem Gesellschaftssystem	– ein Verfolgter unter normalen Menschen
– besondere Konfliktsituation	– Steckbrieflich gesuchter Verbrecher will mit Hilfe eines gefälschten Ausweises entfliehen.
2. Handlungsbeginn, Eingangssituation	
– unvermittelt	– „Redluff sah, das schrille Quietschen …“
– Schauplatz nur angedeutet	– verkehrsreiche Straße in Großstadt
– Personen nicht vorgestellt	– selbst Hauptperson nicht eingeführt
– Konfliktstoff angedeutet	– Steckbrieflich gesuchter Verbrecher sucht unerkannt zu bleiben.
3. Handlungsablauf, Erzählaufbau	
– zügig, erzählte Zeit kurz	– vermutlich etwa eine Stunde vom Beinaheunfall bis zur Verhaftung
– linear (keine Nebenhandlung)	– trifft zu
– übersichtlicher Gesamtaufbau	– fünf Erzählabschnitte (Steigerung usw.)
– Wende- und Höhepunkt	– kommt überraschend

– Gedankenabläufe wichtig – Stimmungen und Gefühlsregungen	– sie verarbeiten jeweils die Ereignisse, z. B. den Beinaheunfall und die „Probe“ in der Kneipe
– Schluss unvermittelt	– sehr überraschend
– unausweichliche Lösung	– sogar buchstäblich, denn die Polizisten kommen so auf Redluff zu, dass der nicht mehr ausweichen kann
– pointierte Schlussformulierung	– Das, was Redluff am meisten verheimlichen möchte, sein Name, wird von den Lautsprechern „dröhnend bis in den letzten Winkel der riesigen Halle getragen“.

4. <u>Personengestaltung und -gruppierung</u>

– nur wenige Personen	– Redluff und wenige Nebenpersonen, z. B. der hilfreiche Alte, der Barkeeper, die Polizeibeamten, die junge Frau, das Empfangskomitee der Ausstellung usw.
– Äußeres wird kaum beschrieben	– trifft zu
– Personengruppierung: Konflikt	– Interessen Redluffs und der Polizei sind gegensätzlich, Konflikt ist absehbar
– indirekte Personengestaltung	– durch Verhalten, Worte, innere Monologe, Gedankenströme
– Vorgeschichte bleibt im Dunkeln	– nur Andeutung, dass er seit drei Monaten in einem „Loch“ gehaust hat
– Zukunft unklar	– Verhaftung wird angedeutet
– Bewährung oder Scheitern?	– Die erste „Bewährungsprobe“ besteht Redluff mit seinem falschen Pass, die wichtigste (in der Ausstellung) nicht, er scheitert.
– grundsätzliche Änderung im Leben des Helden	– ist zu vermuten (Gefängnis)
– wichtige Requisten	– der gefälschte Pass

5. <u>Sprache:</u>	– z. T. sehr anschaulich, bildlich bei Einblicken in Redluffs Gedankengänge

6. <u>Erzähltechnik</u>

– selten Vorausdeutungen	– keine
– selten Rückblicke	– nur Hinweis auf die drei Monate in einem „Loch“

– Leser direkt Zeuge des Geschehens	– z. B. durch „Innensicht" bei Redluffs Gedanken und Empfindungen, den inneren Monologen usw.
– Perspektive aus der Sicht des Schwächeren	– Man erlebt alles aus Redluffs Sicht.
– Kein Erzählerkommentar	– trifft zu

AUFGABE 9

… Die Handlung innerhalb des Textes läuft zügig ab. Die erzählte Zeit beträgt kaum wesentlich mehr als eine Stunde. Diese kurze Zeitspanne ist ebenso typisch für eine Kurzgeschichte wie die insgesamt lineare Handlung. Man erfährt als Leser nur Dinge, die sich vor Redluffs Augen und Ohren abspielen. Nebenhandlungen sind nicht erkennbar.
Zwar fließen die einzelnen Handlungsabschnitte ineinander, aber insgesamt ist die Handlung übersichtlich aufgebaut. Das liegt teils an dem Wechsel von Hauptereignissen und den Zwischenphasen, in denen Redluff nur durch verschiedene Straßen geht. Es liegt aber auch an dem Prinzip der Steigerung, das sich in der Entwicklung von Redluffs Stimmungen zeigt. Anfangs ist er scheu und ängstlich. Nach der gut überstandenen Passkontrolle steigt seine Stimmung ständig an bis zum Höhepunkt, der allerdings zugleich zum Wendepunkt seines Schicksals wird. Auch dieser rasche Anstieg ist typisch für eine Kurzgeschichte.
Auffällig sind die vielen Gedankenabläufe, die ständigen Einblicke in Redluffs Innenleben, wenn er die einzelnen Ereignisse, z. B. den Beinaheunfall oder die „Probe", zu verarbeiten versucht.
Eine Kurzgeschichte hat in der Regel eine überraschende, unausweichliche Lösung. Das ist hier in besonderem Maße der Fall. Es ist nicht nur für den „Helden", sondern wohl auch für den Leser überraschend, dass Redluff sich durch eine Unachtsamkeit selbst der Polizei ausliefert. Und diese Lösung ist zugleich im wahrsten Sinne des Wortes unausweichlich, weil er den Polizisten im Saal nicht mehr ausweichen kann, nachdem sein Name über alle Lautsprecher zu hören war. Darin liegt zugleich eine Schlusspointe: Was er am meisten zu verbergen sucht, seinen wahren Namen, das ruft er selbst laut hinaus – natürlich ohne es zu wollen.
Diese Reihe von Beobachtungen zum Handlungsablauf und -aufbau zeigt, dass Malechas Text eine typische Kurzgeschichte ist.

◎ Charakteristik

1 Das Aussehen einer Person beschreiben

AUFGABE 1

a)

Schülerin A:	Schüler B:
1. Allgemeine Hinweise:	
– ca. 15 Jahre	– ca. 15 Jahre
– mittelgroß	– mittelgroß
– schlank	– schlank
2. Haar:	
– blond, lang, glatt	– hellbraun, glatt, kurz
– an der Stirn leicht gefranst	– Scheitel links
	– Stirn bedeckt
3. Gesicht:	
– Form?	– oval, eher schmal
– dunkle Augen	– dunkle Augen
– Nase gerade, eher klein	– kleine Nase
4. Kleidung:	
– keine Kopfbedeckung	– keine Kopfbedeckung
– kurzärmelige Bluse, gelb	– Pulli, kurzärmelig
– mit kleinen roten Punkten	– orange, mit dunklem Bund an Halsausschnitt und Ärmeln
– Bluejeans mit Aufschlag	– über der Brust zwei dunkle Streifen mit einem hellen dazwischen
– helle Ledersandalen	– Bluejeans mit braunem Ledergürtel
– helle Strümpfe	– braune Halbschuhe

b) Die Schülerin A ist ungefähr 15 Jahre alt, mittelgroß und schlank. Sie hat langes, blondes Haar, das weit über die Schultern herabfällt. Vorn bedeckt es einen Teil der Stirn, über der es leicht gefranst erscheint. Die Form des Gesichts ist unter dem langen Haar schwer zu erkennen, doch die Augen sind dunkel, die kleine, gerade Nase fällt nicht auf. Sie trägt keine Kopfbedeckung, ist mit einer rot gepunkteten, kurzärmeligen Bluse bekleidet und trägt Bluejeans mit einem Bundaufschlag unten. Unter den kräftigen braunen Ledersandalen hat sie helle Strümpfe an.

AUFGABE

2

a) Ich erschrak beinahe, als ich den Mann sah. Er war fast so dick wie hoch und musste sich förmlich zur Türöffnung hereindrängen. Er trug sich vollständig bulgarisch. Seine Hose, seine Tunika, sein kurzer Ärmelmantel waren von Wollstoff, während, der Türke für die Sommerzeit einen faltenreich, leichten, leinenen oder baumwollenen Stoff anzulegen pflegt. Die Beine des Bäckers waren nach bulgarischer Sitte mit dicken Bändern umwickelt, die auch den Fuß umhüllten. Der Altbulgare liebt andre Fußbekleidung nicht.

Gestalt
Kleidung

Diese Tracht entstellte den Bäcker vollends. Der kurze Mantel, die umwickelten Beine, der anderthalb Fuß breite Gürtel, den er um den Leibtrug, machten ihn noch viel dicker und unförmiger, als er eigentlich war. Dazu kam, dass er den Kopf rasiert hatte. Nur oben auf der Mitte des Schädels befand sich ein langer Haarbüschel, der in zwei Zöpfe geflochten, hinten herunterhing. Einen Fes oder irgendeine andre Kopfbedeckung trug er nicht. In der Hand hatte er ein zusammengeknotetes Tuch, worin sich einige Tüten befanden. Würde man mich fragen, welche Farbe sein Anzug gehabt habe, so könnte ich das unmöglich sagen. Ursprünglich war jedenfalls eine Grundfarbe dagewesen. Über sie hinweg aber gab es jetzt Striche von allen möglichen Farben, so dass der eigentliche Grund nicht mehr zu erkennen war. Man sah nur, dass der Mann seine Finger, mochten sie nun beim Backen mit Teig oder beim Färben mit Farbe beschmiert gewesen sein, einfach an der Kleidung abgewischt hatte. (...)

Wirkung der Kleider
Kopf
Haare
Gegenstände
Kleidung

Und nun gar das Gesicht! Das war geradezu einzigartig. Offenbar hatte er zwei Angewohnheiten oder auch drei, die sich mit seinem Geschäft nicht vertrugen: er schnupfte, er liebte es, sich die Augen zu reiben, und er pflegte sich wohl auch hinter den Ohren zu kratzen, denn sowohl die Nase wie die Umgebung der Augen und die Ohren schienen mit schwarzer Tinte, Pflaumenmus, Eigelb, Himbeersaft und geschlämmter Kreide eingerieben zu sein.

Gesicht
Färbung: Nase, Ohren

b) Auf den Bildern ist folgendes anders:
- Boschak trägt Pantoffeln, die Füße sind nicht von Bändern umhüllt. Auch die Bänder an den Beinen sind kaum zu erkennen.
- Er trägt keinen Ärmelmantel.
- Die Zöpfe sind nur kurz.
- Er hält kein Tuch in der Hand.

Dennoch erkennt man ihn auf den Bildern schon wegen seines besonderen Körperumfangs.

c) Karl May stellt den Bäcker Boschak als eine recht komische Figur dar. Dabei benutzt er eine Reihe von Beschreibungsmerkmalen, z. B. Größe und Gestalt, Haartracht, Eigenarten bei Gesicht und Händen und vor allem bei der Kleidung.
Auf das Aussehen legt der Autor sein besonderes Augenmerk. Er beschreibt den Bäcker von Kopf bis Fuß, dass er „fast so dick wie hoch“ ist, und erwähnt dabei sogar, dass die übliche Kopfbedeckung fehlt. Man kann sich die dicke Gestalt mit kurzem Ärmelmantel, Hose und umwickelten Beinen gut vorstellen, dazu den breiten Gürtel um den riesigen Bauch. Doch wenn man sich Farben dazu denken möchte, macht einem der Erzähler einen Strich durch die Rechnung: alles ist so verschmiert – auch Hände und Gesicht –, dass man sich keine Farben vorstellen darf. Dafür erfährt man, dass der Mann offenbar drei Angewohnheiten hat. Er schnupft, reibt sich die Augen und kratzt sich so hinter den Ohren, dass auch hier seine vielfarbigen Finger ihre Spuren hinterlassen haben.
Außer dieser Andeutung von Eigenschaften erfährt man in dem ausgewählten Textabschnitt nichts weiter über den Bäcker. Im Vordergrund der Schilderung steht sein Äußeres.

AUFGABE

3

a) Es schritt ein Jüngling die Schellingstraße hinan; er schritt (...) in der Mitte des Holzpflasters der breiten Fassade der Ludwigskirche entgegen. Sah man ihn an, so war es, als ob ein Schatten über die Sonne ginge oder über das Gemüt eine Erinnerung an schwere Stunden. Liebte er die Sonne nicht, die die schöne Stadt in Festglanz tauchte? Warum hielt er in sich gekehrt und abgewandt die Augen zu Boden gerichtet, indes er wandelte?
Er trug keinen Hut, woran bei der Kostümfreiheit der leichtgemuten Stadt keine Seele Anstoß nahm, sondern hatte statt dessen die Kapuze seines weiten, schwarzen Mantels über den Kopf gezogen, die seine niedrige, eckig hervorspringende Stirn beschattete, seine Ohren bedeckte und seine hageren Wangen umrahmte. Welcher Gewissensgram, welche Skrupel und welche Mißhandlungen seiner selbst hatten diese Wangen so auszuhöhlen vermocht? Ist es nicht schauerlich an solchem Sonntage den Kummer in den Wangenhöhlen eines Menschen wohnen zu sehen? Seine dunklen Brauen verdickten sich stark an der schmalen Wurzel seiner Nase, die groß und gehöckert aus dem Gesicht hervorsprang, und seine Lippen waren stark und wulstig. Wenn er seine ziemlich nahe beieinanderliegenden braunen Augen erhob, bildeten sich Querfalten auf seiner kantigen Stirn. Er blickte mit einem Ausdruck von Wissen, Begrenztheit und Leiden. Im Profil gesehen, glich dieses Gesicht genau einem alten Bildnis von Möncheshand, aufbewahrt zu Florenz in einer engen und harten Klosterzelle (...)

b) Auf Bild 3 treffen zu: schwarze Kapuze, die niedrige, eckig hervorspringende Stirn, die hageren „ausgehöhlten Wangen“, die dunklen Brauen, die „gehöckerte“ Nase und die wulstigen Lippen.

c)

	Karl May	Thomas Mann
Inhalt:	Gestalt und Kleidung zeigen einen Menschen, der zum Lachen reizt	Darstellung eines seltsamen Menschen, der ernst, gramvoll, dünn und ausgemergelt erscheint
Darstellungsweise:	Beschreibung des Äußeren, wenige Hinweise auf Angewohnheiten, eher Personenbeschreibung	Einblicke in das Innenleben, wenige Merkmale wie Haltung, Gesicht: eher Charakterisierung

2 Das Verhalten einer Person beschreiben

AUFGABE 1

Mit weit ausholenden Schritten springt der schlanke Vater herbei. Zornig holt er mit dem Rohrstock aus, um wild auf die sich wütend am Boden wälzenden Buben einzuschlagen. Entsetzt und hilflos die Arme hebend, eilt auch die rundliche Mutter herbei. Sorgenvoll öffnet sie den Mund und möchte den Streit schlichten. Aber es sieht nicht so aus, als könnte ihr dies gelingen.

AUFGABE 2

a)

Verhalten	innere Einstellung
eilt, trägt, mit beiden Händen zupackend, spricht kein Wort	fürsorglich, mutig, selbstlos, liebevoll

b) Nicht weniger liebevoll und selbstlos als der Vater handelt auch der Sohn. In großem Tempo und mit eiligen Schritten rettet er zuerst Hut und Pfeife des Vaters. Doch da schaut er neugierig in die vom Vater gerettete Schulmappe, hält Diktat- und Rechenheft in der Hand und weiß nichts Eiligeres zu tun, als die Hefte ins brennende Zimmer zurückzuwerfen.
Der Vater handelt wagemutig und mit väterlicher Fürsorge. Der Sohn reagiert zwar zuerst auch so, nutzt die Situation dann aber listig aus, offenbar um seine schlechten Zeugnisse verschwinden zu lassen.

AUFGABE 3

a)

	Vater	Sohn	Nachbar
4.	steht schützend und fürsorglich vor seinem Sohn	versteckt sich ängstlich hinter seinem Vater	gestikuliert wüttend, fasst den Vater gewalttätig an
5.	hebt geistesgegenwärtig (und listig) den Baum, drohend	klammert sich ängstlich fest	Haare sträuben sich vor Angst, weicht erschrocken zurück
6.	hebt triumphierend den Baum	lacht schadenfroh hinter dem Fliehenden her	flieht (vermutlich entsetzt)

b) 4. Bild: Vater (stellt sich schützend vor seinen Sohn): „Na, na, Herr Nachbar, was soll denn das! Fassen Sie meinen Sohn nicht an. Dazu haben Sie kein Recht! Auch wenn Sie ein riesengroßes Muskelpaket sind!"
Nachbar: „Nun halt mal die Luft an, Männeken." (Fuchtelt mit der Faust vor Vaters Nase herum und packt ihn an der Weste.) „Ich hau' Euch beide ungespitzt in den Boden. Wenn Sie dem Lauselümmel nicht auf der Stelle den Hintern verbläuen, dann hau' ich Euch beide windelweich, Sie Gartenzwerg, Sie!"

5. Bild: Vater: „Nun mal sachte, Herr Nachbar." (hebt den frisch gepflanzten Baum an) „Ich bin zwar klein" (ganz ruhig), „aber Bäume ausreißen, das kann ich noch immer, und wer hier wem eins übers Fell zieht, das ist noch nicht ausgemacht. Nochmals: Was wollen Sie von meinem Jungen?"
Nachbar: (zitternd): „Ja, wenn das so ist, dann will ich schnell mal sehen, ob mir nicht ein anderer die Scheibe eingeschmissen hat." (rennt davon)

6. Bild: Sohn: (triumphierend) „Na, dem haben wir's aber gegeben, was Vater! Der kommt nicht so schnell wieder."

c) Am Anfang verrichtet der Vater ruhig seine Gartenarbeit und pflanzt einen Baum. Sicher hat er seinen Spaten zufrieden und stolz mit seiner Leistung ins Haus getragen. Als er seinen Sohn in Bedrängnis sieht, kommt er ihm mit raschen Schritten entgegen, und obwohl der Verfolger des Sohnes ein riesiger, kräftiger Kerl ist, tritt er ihm mutig entgegen und stellt sich schützend vor seinen Sohn, der sich ängstlich hinter ihm versteckt.
Während der zornschnaubende Nachbar schon tätlich wird, den Vater an der Weste packt und ihm mit der Faust vor seinem Gesicht herumfuchtelt, kommt dem Vater ein listiger Einfall. Geistesgegenwärtig hebt er den frisch gepflanzten Baum an und droht damit dem Nachbarn. Der hält den kleinen Vater sicherlich jetzt für einen bärenstarken Mann und läuft erschreckt davon.

Der Vater zeigt hier Mut und Tatkraft, die sich zugleich mit besonderem Einfallsreichtum verbinden, sonst wäre es ihm nicht gelungen, den zornigen Nachbarn in die Flucht zu schlagen.
(Beachte, dass das Verhalten des Vaters vor allem durch Adverbien beschrieben wird: er handelt mutig.)

AUFGABE 4

a) Die Bildgeschichte zeigt einen nächtlichen Einbruch in das Haus des Vaters und seines Sohnes. Einfallsreich und geistesgegenwärtig reagieren beide auf die besondere Situation.
(1) Als der Einbrecher auf Zehenspitzen hereinschleicht, fahren sie überrascht aus ihren Betten hoch. (2) Geistesgegenwärtig verschanzen sich Vater und Sohn hinter ihren Betten, als der Einbrecher zu schießen beginnt. Der Vater greift mutig selbst zur Pistole. (3) Während des Feuergefechtes wirft der Sohn dem Einbrecher, der in Strümpfen läuft, eine Reißzwecke vor die Füße. Damit handelt er ebenso mutig wie listenreich, denn (4) der Einbrecher tritt mit einem gewaltigen Schritt (5) mit seiner Ferse in die Reißzwecke, (6) fällt schreiend um und verliert dabei seine Pistole. (7) Hurtig und unerschrocken springt der Vater herbei (8) und fesselt den Übeltäter, während der Sohn die Reißzwecke im Fuß des Einbrechers interessiert betrachtet, sicherlich nicht ohne Stolz, denn es war seine Idee.
Wie schon in anderen Situationen zeigen sich Vater und Sohn geistesgegenwärtig, unerschrocken und einfallsreich. Wie schon öfter haben sie sich durch eine List retten können. Doch es war nicht nur die List allein: es gehört auch besonderer Mut dazu, mit dem Einbrecher fertig zu werden.

b) Die Bildgeschichten zeigen Vater und Sohn in drei gefährlichen Situationen: bei einem Brand im Haus, bei der Auseinandersetzung mit einem gewalttätigen Nachbarn und beim Zusammenstoß mit einem Einbrecher.
Besonders selbstlos erscheinen beide, als jeder fürsorglich die wichtigsten Dinge des anderen vor dem Feuer zu retten versucht. Doch listig nutzt der Sohn die Notlage zu seinen Gunsten aus, indem er hinter dem Rücken des Vaters die Hefte vermutlich wegen der schlechten Noten – ins Feuer wirft. In einer anderen Situation, bei der Flucht vor dem gewalttätigen Nachbarn, wirkt er verständlicherweise ängstlich. Aber bei der Begegnung mit dem Einbrecher ist er es nicht mehr.
Gemeinsam mit seinem Vater hat der Sohn aber eine Reihe guter Eigenschaften, die sich in mehreren Situationen zeigen. Beide können mutig und furchtlos reagieren, dazu geistesgegenwärtig und einfallsreich. Der Einfallsreichtum kann zuweilen listig und pfiffig sein. Aber meistens helfen sie sich dabei gegenseitig und gehen auch aus brenzligen Situationen als Sieger hervor. Da sie mehrfach ähnlich einfallsreich und mutig reagieren, darf man darin wohl typische Eigenschaften sehen.

3 Die literarische Personencharakterisierung

AUFGABE

1 Des Briefträgers Andreas Wanzls Söhnchen, Anton, hatte das merkwürdigste Kindergesicht der Welt. Sein schmales, blasses Gesichtchen mit den markanten Zügen, die eine gekrümmte, ernste Nase noch verschärfte, war von einem äußerst kargen, weißgelben Haarschopf gekrönt. Eine hohe Stirn thronte ehrfurchtgebietend über dem kaum sichtbaren, weißen Brauenpaar, und darunter sahen zwei blaßblaue, tiefe Äuglein sehr altklug und ernst in die Welt. Ein Zug der Verbissenheit trotzte in den schmalen, blassen, zusammengepressten Lippen, und ein schönes, regelmäßiges Kinn bildete einen imposanten Abschluss des Gesichtes. Der Kopf stak auf einem dünnen Halse, sein ganzer Körperbau war schmächtig und zart. Zu seiner Gestalt bildeten nur die starken, roten Hände, die an den dünn-gebrechlichen Handgelenken wie lose angeheftet schlenkerten, einen sonderbaren Gegensatz.
Anton Wanzl war stets nett und reinlich gekleidet. Kein Stäubchen auf seinem Rock, kein winziges Loch im Strumpf, keine Narbe, kein Ritz auf dem glatten, blassen Gesichtchen. Anton Wanzl spielte selten, raufte nie mit den Buben und stahl keine roten Äpfel aus Nachbars Garten. Anton Wanzl lernte nur. Er lernte vom Morgen bis spät in die Nacht. Seine Bücher und Hefte waren fein säuberlich in knatterndes, weißes Packpapier gehüllt, auf dem ersten Blatte stand in der für ein Kind seltsam kleinen, netten Schrift sein Name. Seine glänzenden Zeugnisse lagen feierlich gefaltet in einem großen, ziegelroten Kuvert dicht neben dem Album mit den wunderschönsten Briefmarken, um die Anton noch mehr als um seine Zeugnisse beneidet wurde.
Anton Wanzl war der ruhigste Junge im ganzen Ort. In der Schule saß er still, die Arme nach Vorschrift ‚verschränkt', und starrte mit seinen altklugen Äuglein auf den Mund des Lehrers. Freilich war er Primus. Ihn hielt man stets als Muster der ganzen Klasse vor, seine Schulhefte wiesen keinen roten Strich auf, mit Ausnahme der mächtigen 1, die regelmäßig unter allen Arbeiten prangte. Anton gab ruhige, sachliche Antworten, war stets vorbereitet, nie krank. Auf seinem Platz in der Schulbank saß er wie angenagelt. Am unangenehmsten waren ihm die Pausen. Da mußten alle hinaus, das Schulzimmer wurde geluftet, nur der ‚Aufseher' blieb. Anton aber stand draußen im Schulhof, drückte sich scheu an die Wand und wagte keinen Schritt, aus Furcht, von einem der rennenden, lärmenden Knaben umgestoßen zu werden. Aber wenn die Glocke wieder läutete, atmete Anton auf. Bedächtig, wie sein Direktor, schritt er hinter den drängenden polternden Jungen einher, bedächtig setzte er sich in die Bank, sprach zu keinem ein Wort, richtete sich kerzengerade auf und sank automatenhaft wieder auf den Platz nieder, wenn der Lehrer ‚Setzen' kommandiert hatte. An-

ton Wanzl war kein glückliches Kind. Ein brennender Ehrgeiz verzehrte ihn. Ein eiserner Wille, zu glänzen, alle seine Kameraden zu überflügeln, rieb fast seine schwachen Kräfte auf. Vorderhand hatte Anton nur ein Ziel. Er wollte ‚Aufseher' werden.

AUFGABE 2

... Ruhig und gelassen liest er die Aufgaben und versteht sie auf Anhieb, denn er hat nie gefehlt und weiß schlichtweg alles, was man von einem Vorzugsschüler der Spitzenklasse erwarten darf.
Plötzlich reckte sein fürwitziger Hintermann, ein ausgemachter Faulpelz und Tunichtgut, seinen Kopf, um Anton über die Schulter zu schauen. Karl ist es, der natürlich wieder unvorbereitet zum Unterricht kam und nun Antons Heft nach verwertbaren Zahlen absucht. Aber da kommt er an die falsche Adresse. Anton richtet sich noch höher auf. Zugleich neigt er sein schlankes Körperchen nach vorn, um den Ausblick auf sein Heft zu verdecken. Seine roten Hände mit den dünn-gebrechlichen Handgelenken legen sich nachdenklich auf die bereits notierten Zahlen, und seine altklug witternden Äuglein halten nach dem Lehrer Ausschau, hilfesuchend und bieder, ob denn der allgegenwärtige Lehrerblick nicht selbstständig den betrugsbereiten Übeltäter entdeckt, sonst müsste er ihn „anzeigen" usw.
Du kannst dir die Momentaufnahmen selbst noch weiter ausmalen. Wichtig ist, dass du bei deinem Versuch auch die sprachlichen Darstellungsmittel (besonders Adjektive und Adverbien, anschauliche Bilder und Vergleiche) benutzt, so wie Joseph Roth dies tut, um das Bild Antons lebendig vor den Augen seiner Leser entstehen zu lassen.

AUFGABE 3

Über die Beschreibung des Äußeren hinaus erwähnt der Text eine Reihe von typischen Eigenschaften Antons, vor allem, wenn betont wird, dass er selten spielt, nie rauft, nur lernt und keine Äpfel stiehlt. Er ist also offenbar immer ein Vorbild, der in seiner Freizeit wohl keine anderen Steckenpferde hat, als nur die Schulaufgaben zu machen.
Auffällig – und für einen normalen Jungen ungewöhnlich – sind sein Ernst und seine Altklugheit, die immer reinliche Kleidung und sein überaus braves und gehorsames Verhalten. Dazu passt es, dass er keinen Kontakt zu den Mitschülern hat, vor lauter Lerneifer die Pausen nicht genießen kann und auch sonst in der Freizeit ein Musterknabe ist.
Nimmt man diese Eigenschaften und Verhaltensweisen zusammen, so wirkt Anton eher bedauernswert als vorbildlich. Vermutlich will der Autor eher von solchem Verhalten abschrecken als dazu anregen, sagt er doch selbst im letzten Abschnitt, Anton sei „kein glückliches Kind".

AUFGABE 4

a) Aussagen anderer über den Ich-Erzähler (direkte Charakterisierung):

Mutter:
- er habe „so was Rohes“ in seinem Benehmen
- er werde bald davon gejagt

Heinrich:
- der Erzähler sei ein „gemeiner Kerl“

Der Rektor:
- der Erzähler sei ein „ungezogener Bube“
- er solle lieber von der Schule abgehen (uns von seiner „Gegenwart befreien“)
- „du verrohtes Subjekt“
- „Verbrechernatur“
- er sei eine „katilinarische Existenz“
- er könne „höchstens ein gemeiner (= einfacher) Handwerker“ werden
- so hätten alle „verworfenen Menschen“ angefangen

b) Aussagen des Ich-Erzählers über sich selbst (indirekte Charakterisierung):
- Er sagt, er pfeife auf Heinrichs Mama, Heinrichs Zimmer muffle.
- Er ohrfeigt Heinrich, stößt ihn an den Ofenschirm, verletzt ihn, beschädigt seine Hose.
- Er schneidet vor der Klasse Grimassen, als er zum Rektor geführt werden soll. Dabei vermutet er, Heinrich hätte ihn verpetzt, wenn er in der Schule gewesen wäre.
- Er kann den Rektor nicht leiden („den ekelhaften Kerl“).
- Er glaubt, er könne seine Schullaufbahn erfolgreich beenden („humanistische Studien“).
- Er ärgert sich, weil seine Mutter die beschädigte Hose zahlen muss. Deshalb will er Heinrich wieder etwas antun.
- Er wird ins Rektorat eingesperrt.

c) Einleitung:
Der Ich-Erzähler wird in dieser Lausbubengeschichte sowohl direkt als auch indirekt charakterisiert. Mehrere Personen sagen direkt zu ihm oder über ihn, was sie von ihm halten. Daneben charakterisiert er sich indirekt auch selbst durch das, was er tut, sagt und denkt.

Hauptteil:
Dieser Ich-Erzähler, der nie mit Namen genannt wird, scheint ein Raufbold zu sein. Er ist offenbar ein Mitschüler des von ihm traktierten Heinrich Werner. Während Heinrich wohlhabende Eltern hat, lebt der Erzähler mit seiner Mutter wohl in ärmlichen Verhältnissen, denn die Kosten für die zerrissene Hose machen der Mutter viel Kummer; noch mehr jedoch sein Verhalten.
Heinrichs Mutter verbietet ihrem Sohn den Umgang mit dem Ich-Erzähler, weil sie ihn für einen Rohling hält, den man ohnehin bald von

der Schule jagen werde. Ähnlich direkt beurteilt ihn auch der Rektor, der ihn nicht gern auf seiner Schule sieht. Sein mildestes Urteil ist noch „ungezogener Bube“, später beschimpft er ihn sogar als „verrohtes Subjekt“, „Verbrechernatur“ und „katilinarische Existenz“, also als einen politischen Umstürzler und Terroristen. Er stempelt ihn schon als „verworfenen Menschen“ ab.
Der Rektor gebraucht zweifellos starke Worte. Doch unschuldig ist der Erzähler sicherlich nicht. Immerhin prügelt er seinen Mitschüler so kräftig, dass der sich beim Sturz an den Ofenschirm einen Zahn abbricht und die Hose zerreißt. Sein Verhalten ist in der Tat roh.
Auch mit Worten ist er nicht zimperlich, wenn er sagt, dass Heinrichs Zimmer „muffle“ und er auf dessen Mutter „pfeife“. Offenbar muss er ja mit Heinrich befreundet gewesen sein, sonst wäre er wohl gar nicht in das Haus gekommen. Charakterisiert wird er indirekt auch durch seine Gedanken. Nach dem Grimassenschneiden vermutet er, Heinrich hätte ihn verpetzt, wenn er in der Schule gewesen wäre. Den Schulrektor hält er für einen „ekelhaften Kerl“. Nachtragend ist der Erzähler auch. Ihn ärgern zwar die Sorgen seiner Mutter, aber er hat nicht die Absicht, sich selbst zu bessern und zu anderen etwas rücksichtsvoller zu sein, sondern er will sich rächen für den Kummer, den seine Mutter seinetwegen hatte: er nimmt sich vor, „dass es Werners Heinrich nicht gut gehen soll“.

Schluss:
So schlimm, wie es der Rektor sieht, ist der Ich-Erzähler sicherlich nicht. Er gesteht in dieser Geschichte auch freimütig, was er getan, gesagt und gedacht hat. Aber dennoch charakterisiert er sich indirekt als einen rechten Rohling.

4 Charakterisierung einer Bühnenfigur (I)

AUFGABE 1

4. Baumgarten bittet eindringlich um Hilfe (V. 102–125)
   - Kuoni unterstützt ihn
   - Ruodi verweigert Hilfe
   - das Unwetter wird bedrohlicher
   - Baumgarten bittet Ruodi auf Knien
   - Ruodi verweigert Hilfe
     Gründe: drohendes Unwetter
     Leben und Zukunft seiner eigenen Familie
   - Baumgarten fleht nochmals kniefällig
5. Tell als Fürsprecher Baumgartens (V. 126–150)
   - Kuoni erklärt Tell Baumgartens Situation
   - Ruodi fordert Tell auf, selbst zu urteilen
   - Tell ist für Hilfeleistung in der Not, auch bei Gefahr für sich selbst
   - zunehmendes Donnern: Gewitter droht
   - Ruodi lehnt mehrfach die Hilfe ab
   - Tell fordert ihn dringend auf
     Grund: der Landvogt kennt kein Erbarmen
6. Tells Rettungsaktion (V. 151–171)
   - Tell will es selbst wagen
   - Baumgarten ist erleichtert, hofft auf Gelingen
   - Tell ist sich der Todesgefahr bewusst
   - Abfahrt im Sturm, hoher Wellengang
   - die Verfolger nahen: Rettung in letzter Minute

AUFGABE 2

a) Zwei Interessen prallen in diesem Szenenabschnitt aufeinander: Auf der einen Seite steht Baumgarten, der von den Leuten des Burgvogts verfolgt wird, den er kurz zuvor in einer Notwehrsituation erschlagen hat. Auf der anderen Seite steht der Fischer Ruodi, der ihn mit seinem Kahn in Sicherheit bringen könnte.

Baumgarten bittet Ruodi zunehmend eindringlicher um Hilfe. Doch der weist das Ansinnen zurück, weil er das nahende Unwetter fürchtet, das sich durch wiederholtes, stärkeres Donnern ankündigt. Selbst als Baumgarten ihm zu Füßen fällt und auf Knien bittet, verweigert Ruodi die Überfahrt mit dem Kahn. Mehrfach verweist er auf das nahende Unwetter. Auch die Zukunft seiner eigenen Familie führt er als Gegengrund ins Feld.

Der Interessengegensatz wird dadurch verschärft, dass der Hirte Kuoni und der Jäger Werni Baumgartens Bitten unterstützen.

Die Verschärfung des Konflikts ist somit an drei inhaltlichen Gesichtspunkten zu erkennen: 1. Baumgarten bittet immer heftiger um Hilfe, zuletzt sogar auf den Knien. 2. Kuoni und Werni haben Verständnis für seine Lage und schließen sich seinem Bitten an. 3. Schließlich wird das Gewitter, wie die Regieanweisungen zeigen, immer drohender. Auch deshalb wäre es höchste Zeit für wirksame Hilfe.

b) Dreimal wird in diesem Szenenabschnitt in Regieanweisungen auf das nahende Unwetter hingewiesen. Zuerst heißt es nur: „Es fängt an zu donnern", dann hört man schon „Brausen und Donnern", schließlich drohen „wiederholte Donnerschläge". Diese Entwicklung des Wetters, durch Bühnengeräusche dargestellt, beeinflusst beide Interessengruppen, die sich in dieser Szene gegenüber stehen. Baumgarten fühlt sich dadurch noch mehr gedrängt, Ruodi um rasche Hilfe zu bitten, denn jede Verschlechterung des Wetters mindert seine Hoffnung auf ein Entkommen. Kuoni und Werni sehen das ebenso. Der Fährmann Ruodi hingegen sieht im drohenden Unwetter einen Grund, die Überfahrt nicht zu riskieren, und verweigert deshalb seine Hilfe. Jede Interessengruppe beurteilt also das Wetter in dieser Situation anders und führt es als Argument für die eigenen Interessen ins Feld.

AUFGABE **3**

a) Randnotizen zur Entwicklung Kuonis in der Szene (Kurzform: Unterstreichungen)
V. 112f.: K. u. W. fordern (R. erneut zur) Hilfe (auf) mit Gründen
V. 126ff.: K. erklärt Tell Zusammenhänge (hilft damit B.)
V. 144: (Rettungsbitte der Hirten und Jäger)
V. 153: K lobt Tells Hilfsbereitschaft
V. 161 f.: K. tadelt Ruodis Furchtsamkeit
V. 167ff.: K. berichtet über Rettungsaktion (Mauerschau)
V. 171: K.: Erleichterung über gelungene Flucht

b) Der Hirte Kuoni und der Jäger Werni sprechen oft nacheinander. Beide interessieren sich für das Schicksal Baumgartens, beide fragen ihn intensiv und beide unterstützen danach seine Bitten, als sprächen sie aus einem Munde, z. B. V. 112f.:
W.: „Es geht ums Leben, sei barmherzig, Fährmann."
K.: „'s ist ein Hausvater, und hat Weib und Kinder!"
Manchmal teilen sie sich sogar einen Vers. Das zeigt ihr gemeinsames Interesse besonders deutlich, z. B. V. 70 und V. 153:
K.: „Landsmann, was habt Ihr?"
W.: „Wer verfolgt Euch denn?"
K.: „Ha, wackrer Tell!"
W.: „Das gleicht dem Weidgesellen!"

Sie sprechen also beinahe aus einem Mund, bangen mit dem Fliehenden und freuen sich mit ihm über die Hilfe, die Tell ihm anbietet. Wie sehr sie mit ihm fühlen, zeigen auch die letzten Sätze, mit denen sie die Flucht im Boot beschreiben. So wird auch Kuonis befreiter Schlussseufzer verständlich, mit dem er sich über den hoffnungsvollen Ausgang freut: „Weiß Gott ... das war Hilf' in der Not."

AUFGABE 4

a) Als der Fährmann weiterhin zögert, obwohl Baumgarten immer eindringlicher um Hilfe fleht, wird Kuoni deutlicher:

„Greif an mit Gott! Dem Nächsten muss man helfen,
Es kann uns allen Gleiches ja begegnen." (V. 107f.)

Mit „Brausen und Donnern" deutet die Regieanweisung das Näherkommen des Unwetters an. Eile ist geboten. Da appelliert Kuoni als Christ an die Nächstenliebe Ruodis und erinnert daran, dass unter solcher Gewaltherrschaft vielen ein ähnliches Schicksal drohen kann.
Doch das hilft nichts. Ruodi bleibt hart und weist auf das schlimme Wetter. Kuoni mahnt mit einem neuen Argument:

„'s ist ein Hausvater, und hat Weib und Kind." (V. 113)

Auch das rührt den Fährmann nicht, so wenig wie das Flehen des Verfolgten, der auf Knien vor ihm liegt.
Da naht Tell, und Kuoni sieht ihn zuerst:

„Seht, wer da kommt!" (V. 126)

Vielleicht steht die Hoffnung auf Hilfe hinter diesem Ausruf des Hirten. Vermutlich antwortet er auch deshalb als erster auf Tells Frage, wer hier um Hilfe flehe, um dem Bedrängten rasch weiterzuhelfen. Knapp und informativ berichtet Kuoni nun, was er über Baumgartens Schicksal weiß und warum ihn der Fährmann nicht übersetzen will.

„Der fürcht' sich vor dem Sturm und will nicht fahren." (V. 133)

Damit bittet er Tell indirekt, sich für den Verfolgten einzusetzen. Doch auch Tell kann den Fährmann nicht umstimmen, obwohl auch die anwesenden Hirten und Jäger beschwörend dreimal „Rett ihn!" rufen.
Erst als sich Tell entschließt, es selbst mit dem Sturm aufzunehmen, ruft Kuoni begeistert aus:

„Ha, wackrer Tell!" (V. 153)

Und verächtlich tadelt er Ruodi:

„Ihr seid ein Meister-Steuermann. Was sich
Der Tell getraut, das konntet ihr nicht wagen?" (V. 161)

Damit sagt er ihm klipp und klar seine Meinung. Doch mehr noch interessiert ihn die Rettungsaktion. Er eilt zum Ufer und berichtet den anderen erleichtert, dass sich Tell durch die Brandung arbeitet. Da kommen auch schon die Verfolger, und Kuoni, der sich so für den Verfolgten eingesetzt hat, ruft wie erleichtert aus:

„Weiß Gott, sie sind's! das war Hilf' in der Not." (V. 171)
Er denkt nur an die Rettung Baumgartens, sucht sogar noch mit einer einfältigen Frage („Wen meint ihr, Reiter?") die Flucht zu decken. Doch gleich darauf wollen die Verfolger an seinen Lämmern grausam Rache nehmen und die Hütte niederbrennen.

b) Wie soll man als Leser nach dieser Szene Kuoni beurteilen? Anfangs verhält er sich eher zögernd und neugierig wie die anderen auch. Aber hinter seinen Fragen steckt mehr als oberflächliches Interesse. Nachdem er die Zusammenhänge kennt, setzt er sich ganz für den Verfolgten ein. Er zeigt Verantwortungs- und Gerechtigkeitsgefühl und erweist sich als ein engagierter, hilfsbereiter Mensch.

5 Charakterisierung einer Bühnenfigur (II)

AUFGABE 1

Wortlaut des Textes	sprachliche Darstellungsmittel	Aussageabsicht des Autors, Wirkung des Textes
„Der Wüterich!"	Ausruf, unvollständiger Satz	Zorn Kuonis über den Burgvogt
„Frisch, Fährmann …"	direkte Anrede, in dieAufforderung eingeschoben	Aufmunterung, fast befehlend
„Ha, wackrer Tell!"	Ausruf	Freude über Tells Hilfsbereitschaft
„Ihr seid ein Meister-Steuermann."	Aussagesatz mit normaler Wortstellung. Ironie	Tadel, Ironie gegen Ruodis mangelnde Hilfsbereitschaft

AUFGABE 2

Zwar spricht Kuoni keine natürliche Sprache, wenn er in Blankversen redet. Aber man kann dennoch einiges aus seinem Gebrauch der Sprache ablesen, besonders über sein Verhältnis zu Baumgarten.
Mit seiner direkten Anrede an Baumgarten („Landsmann, was habt ihr?") und der darauf folgenden Frage wendet er sich ihm bewusst zu. Er scheint ihn ernst zu nehmen.
Auch sein späterer Ausruf „Der Wolfenschießen!" zeigt sein Erstaunen, ja Erschrecken über die Ereignisse. Vor allem mit seinem Ausruf „Der Wü-

terich!" zeigt er seinen Zorn über den gewalttätigen Burgvogt. Seine Sprache enthüllt etwas von seinem Gerechtigkeitsgefühl, das ihn wohl auch treibt, dem Verfolgten zu helfen.
Dass er durchaus auch ein tatkräftiger Mann ist, zeigen andere Äußerungen. So fordert er Ruodi auf, Baumgarten zu helfen, indem er auch ihn direkt anspricht („Frisch, Fährmann ...") oder den Fährmann tadelt, wenn er ihm ironisch vorhält: „Ihr seid ein Meister-Steuermann."
So passt es zu seiner zupackenden Art, dass er erfreut ausruft: „Ha, wackrer Tell!", als dieser sich entschließt, dem Verfolgten zu helfen und ihn zu retten. Gerade solche wiederholten Ausrufe zeigen, dass Kuoni ganz hinter dem Bedrängten steht und ihm in jeder möglichen Weise helfen will. So freut er sich besonders, als die Flucht zu gelingen scheint.

AUFGABE **3**

Während Kuoni und Werni parallele Interessen haben und sich für den Verfolgten einsetzen, reagiert der Fährmann Ruodi ganz anders. Er lehnt, vor allem im Hinblick auf das Wetter und seine Familie, jede Hilfeleistung ab. Je mehr sich andere für Baumgarten einsetzen, um so weniger hilfsbereit und mutig wirkt er. Sein Zögern, seine ständigen Weigerungen erscheinen noch schlimmer, weil Kuoni und Werni, vor allem später auch Tell, ganz anderer Meinung sind und dem Bedrängten um jeden Preis helfen wollen. Weil er mit seiner Weigerung allein gegen alle anderen steht, wirkt er in der Situation wohl weniger sympathisch auf Leser oder Zuschauer als die anderen Personen, die hilfsbereiter sind.

AUFGABE **4**

a) Baumgarten kommt als Verfolgter in der ersten Szene (I, 1) auf die Bühne. Die Verfolger auf den Fersen, bittet er zunehmend eindringlicher Ruodi um Hilfe. Allein der Fährmann könnte ihm helfen. Dessen Weigerungen lassen ihn sogar kniefällig werden, weil das Boot seine letzte Hoffnung ist. Doch seine Bitten vermögen nichts auszurichten. Er ist also eine ohnmächtige, gehetzte Gestalt, ganz auf die Hilfe anderer angewiesen.

b) In der zweiten Szene des zweiten Aufzuges sieht man Baumgarten wieder. Er zeigt sich in der nächtlichen Geheimversammlung der Eidgenossen als dankbarer Mitstreiter, denn er erinnert alle daran, dass er Tell sein Leben verdankt. Und er ist bereit, das seine dafür zu opfern: „Gern schlag ich's in die Schanze für das Land". Er hat also nicht vergessen, dass andere Besitz und Leben aufs Spiel gesetzt haben, um ihn zu retten.

◎ Gedichtinterpretation

1 Umgang mit Balladen

AUFGABE 1

Die vier Strophen der Ballade von Joseph von Eichendorff geben ein Gespräch im Wald wieder. Wie es dazu kommt, dass hier ein Mann und eine Frau miteinander sprechen, wird nicht erklärt. Der Mann ist vielleicht ein Wanderer oder ein Ritter, die Frau ist die „Hexe Lorelei". Die Handlung muss man sich aus dem Dialog erschließen.
Die „wunderschöne" junge Frau reitet spät abends allein durch den Wald. Sie begegnet einem Mann, der sie anspricht, sie solle doch mit ihm kommen als seine „Braut".
Sie lehnt ab und beklagt die Treulosigkeit der Männer. Zugleich warnt sie ihn, er solle fliehen. Da betrachtet er sie genauer und erkennt sie als „Hexe Lorelei". Voller Entsetzen ruft er Gott um Beistand an, doch es ist schon zu spät. Sie prophezeit ihm, er werde nie aus diesem Wald entrinnen.

AUFGABE 2

<u>Hauptunterschiede</u>
– Verse statt Prosa
– keine Hintergrundinformationen
– kein Erzählerkommentar, nur Dialoge

<u>Schauplatz in der Ballade:</u>
- nicht beschrieben, eingeführt oder erklärt; nur aus der Überschrift zu entnehmen.
- „Wald", in der Natur, am Abend, vermutlich düster
- unheimliche Stimmung durch die Drohungen der Hexe

<u>Aufbau der Ballade:</u>
- unvermittelter Beginn, keine Einleitung durch Erzähler
- Dialog von Anfang an
- kein Bericht über eine Handlung
- eine Szene wird im Dialog vergegenwärtigt
- Zusammenhänge werden nicht erklärt
- Höhepunkt: Drohung der Hexe; der Mann erkennt sie und ruft Gott um Hilfe an

Personengestaltung
- keine Einführung und Vorstellung, keine Beschreibung
- Äußeres wird im Dialog angedeutet („Du schöne Braut.")
- Worte offenbaren Wünsche, Gedanken, Ängste u. a. indirekt
- vor allem indirekte Charakterisierung

AUFGABE **3**

Der Schauplatz wird weder beschrieben noch ausführlich eingeführt. Man erfährt ihn bereits durch den Titel der Ballade: es ist ein Wald. Er liegt also, wie üblich bei vielen Balladen, in der Natur. Zusammen mit der Handlungszeit (es „ist schon spät, es wird schon kalt") trägt er zur düsteren Grundstimmung bei, die vor allem natürlich durch die unheilvollen Worte der Hexe Lorelei bestimmt wird. Weitere Hintergrundinformationen fehlen. Nur in der letzten Strophe erinnert die Lorelei an ihren Machtbereich in der Nähe des Waldes: „von hohem Stein / Schaut still mein Schloss tief in den Rhein." Der Wald liegt also im Bannkreis ihres unheimlichen Wirkens.

AUFGABE **4**

(1) In der ersten Strophe treten drei unheimliche Wesen (Hexen) auf. Sie wollen eine Brücke zerstören und den Zug abstürzen lassen.

(2/3) Auf der Nordseite der Brücke blickt der Brückenwärter mit seiner Frau dem Zug entgegen. Sie erwarten ihren Sohn, der als Lokführer den Zug fährt.

(4) In der vierten Strophe erlebt man den Lokführer Johnie. Er kämpft von Süden her gegen den Sturm an. Er bemerkt das Unwetter, vertraut aber dennoch auf die Kraft seiner Maschine und die Haltbarkeit der Brücke.

(5) Er ist stolz auf sie. Fast spottend denkt er an die alte Zeit zurück, wo er die Reisenden mühsam in einem alten Fischerboot übersetzen musste.

(6) Noch einmal erlebt man, wie der Brückenwärter mit seiner Frau nach dem Zug Ausschau hält. Da sieht man, wie im Sturm Feuer von der Brücke ins Wasser schießt. Das ist vermutlich der Absturz des Zuges.

(7) In der siebten und letzten Strophe kommen – in sieben Versen – die Hexen nochmals zu Wort. Sie verabreden eine Zusammenkunft, bei der sie über die Folgen der Katastrophe berichten wollen.

AUFGABE 5

Strophe	Vorgänge oder Gesprächsthemen	Stimmung der Personen
2 + 3	halten nach dem Sohn Ausschau	unruhig, bangend (Mutter), optimistischer (Vater)
4 + 5	spürt den Sturm, spricht sich Mut zu	hofft auf den Sieg der Technik gegen die Naturgewalten
6	warten immer noch auf den Zug, sehen den Absturz von der Brücke	Unruhe, Bangen – die darauf folgende Verzweiflung wird ausgespart
7	wollen vom Unheil berichten	böse Schadenfreude über das angerichtete Unheil

AUFGABE 6

Gegliedert ist die Ballade zunächst in sieben Strophen. In der ersten und der letzten haben die Hexen das erste und das letzte Wort. Sie geben sozusagen den Ton an und haben das Schicksal der Menschen in ihren Händen.

In den fünf dazwischenliegenden Strophen kommen die Menschen zu Wort mit ihren Sorgen und Hoffnungen, und da kann man durchaus eine Steigerung der Spannungskurve sehen, da man das Ende der Ballade noch nicht kennt.

In der zweiten und dritten Strophe hoffen und bangen die Eltern ihrem Sohn entgegen. Je näher der Zug kommt, um so größer wird einerseits die Hoffnung des Brückenwärters, dass er es trotz des Sturmes schafft. Durch den Hinweis auf die kurze Zeitspanne entsteht eine erste Spannung: „In elf Minuten ist er herein“, sagt der Vater hoffnungsvoll.

In den nächsten beiden Strophen erlebt man, wie sich der Sohn seinem Ziel näher kämpft. Er versucht mit allen technischen Mitteln, den Sturm zu bezwingen:

> „Und wie's auch rast und ringt und rennt,
> Wir kriegen es unter, das Element.“

Als Leser fragt man sich, ob er es schaffen wird. Die Spannung steigt also erneut. Als der Erzähler ein letztes Mal zu den Brücknersleuten hinüberschwenkt („Auf der Norderseite, das Brückenhaus“), weiß man, dass der Zug inzwischen näher gekommen sein muss. Entsprechend groß ist das „Bangen“ der Brücknersleute, die „ohne Rast und Ruh“ die Ankunft ihres Sohnes erwarten. Da geschieht die Katastrophe, und auf dem Höhepunkt des Hoffens stürzt die Brücke mitsamt dem Zug in die Tiefe.

Die Skizze zeigt einerseits, dass der Zug immer näher kommt, dass Johnie also bald am Ziel sein muss. Durch das Bangen und Hoffen der Eltern aber erfährt der Leser – ebenso wie durch Johnies eigene Worte – dass dies mit Gefahren verbunden ist. Diese inneren Stimmungen, zu denen auch der Optimismus des Lokführers gehört, lassen die Spannungskurve im Blick auf die drohenden Gefahren ansteigen. Im Augenblick der Katastrophe stürzt sie dann steil ab.

Warum aber stehen die Hexen am Anfang und am Ende der Ballade? Warum rahmen sie das ganze Geschehen ein? Das hängt wohl mit ihrer Rolle zusammen. Sie werden hier als überirdische Naturmächte vorgestellt. Sie können mit der Technik und mit den Menschen schalten und walten, wie sie wollen. Der Mensch ist ihnen ausgeliefert, so zumindest stellt es Fontane dar. In beiden Fällen, am Anfang wie am Ende, schließen die Hexen ihre unheilvollen Verabredungen mit den Worten: „Tand, Tand ist das Gebilde von Menschenhand".

Vielleicht kann man nach diesen Beobachtungen die erste und die letzte Strophe so erklären: Die Hexen stehen über dem Geschehen. Sie umklammern mit ihrem unheilvollen Tun die Schicksale der Menschen. Damit könnte Fontane dem Leser andeuten, dass Mensch und Technik in der Hand unheimlicher Mächte stehen, für die Menschenwerk nur „Tand" ist.

AUFGABE

7 Schauplätze und Handlungshintergrund

– Schauplätze	– in der Natur
• Hauptschauplätze:	a) der „Versammlungsort" der Hexen b) die Brücke in der Landschaft
• Nebenschauplätze:	a) das Brücknerhaus b) die Lokomotive
– Handlungszeit	– kurz vor Mitternacht („Geisterstunde"!)
– unheimliche Stimmung	– Hexen, unheimliche Pläne
– Hintergrund nicht erklärt	– Der Leser muss sich alle Informationen aus den Worten der Personen und aus den Andeutungen des Erzählers erschließen.
– Erzählte Zeit	– sehr kurz

AUFGABE

8 Inhaltlich stellt die Ballade ein außerordentliches Ereignis dar. Es ist der Einsturz einer Brücke über den Tay, die als absolut sicher galt, als Wunderwerk der modernen Technik. Das ist für eine Ballade ebenso typisch wie z. B. der Konflikt zwischen dem Menschen und übernatürlichen Mächten, der häufig in Balladen vorkommt. Eigentlich sind es natürliche Kräfte, die die Brücke zum Einsturz bringen, die Winterstürme. Aber Fontane gibt den Sturmböen die Gestalt von Hexen, dadurch werden aus natürlichen Gewalten übernatürliche Kräfte.

Auch der Kampf auf Leben und Tod ist kennzeichnend für eine Ballade. Mit „doppeltem Dampf“ kämpft der Lokomotivführer Johnie gegen den Sturm an, aber dadurch beschwört er das Unheil mit herauf, kein Beteiligter überlebt die Katastrophe.

Die düstere Grundstimmung kommt bereits in der ersten Strophe auf, als die Hexen ihre unheimlichen Pläne verabreden. Auch das „Bangen“ der „Brücknersleut“ trägt zu dieser Grundstimmung bei. Sicher spricht sich auch Johnie nicht von ungefähr Mut zu:

„Und wie's auch rast und ringt und rennt,
Wir kriegen es unter, das Element.“

Noch einmal wird an die düstere Grundstimmung erinnert, als die Eltern Johnies „in Bangen“ nach dem Zug Ausschau halten und der Erzähler sagt:

„Denn wütender wurde der Winde Spiel“.

Die abschließende Strophe der Hexen trägt die unheimliche Grundstimmung noch über den Text hinaus weiter.

Zu den typischen Kennzeichen einer Ballade gehört auch die relativ kurze Erzählzeit: den Text kann man in wenigen Minuten lesen. Aber auch die erzählte Zeit ist nicht wesentlich länger: es ist die letzte Viertelstunde vor dem Einsturz der Brücke.

Viele Balladen nehmen ihren Stoff aus sagen- oder märchenhaften Quellen, während Fontane auf ein tatsächliches Ereignis zurückgreift. Aber er führt die Hexen ein, und dadurch werden alle Vorgänge unheimlich, wie bei anderen Balladen auch. Das Problem, um das es in dieser Ballade geht, ist der Kampf des Menschen gegen die Naturgewalten. Johnie glaubt zwar, sich auf die Technik verlassen zu können, doch er muss erfahren, was die Hexen zweimal am Ende ihrer Strophen sagen: „Tand, Tand/Ist das Gebilde von Menschenhand.“

2 Umgang mit lyrischen Texten

AUFGABE 1

Zu beiden Titeln wird jedem etwas anderes einfallen. Hier nur wenige Vorschläge:

„Septembermorgen“: Schulweg/Morgensonne/gelbe Blätter an der Linde vorm Haus/die Freunde in der Schule/endlich Pause/ein sonniger Morgen/ich blinzle in die Sonne/sie wärmt/kein Nebel mehr/die Autofahrer werden sich freuen ...

„Drachenlied“: Septemberwind/Herbstsonne lacht/blauer Himmel/abgemähte Wiesen/gelbe Stoppelfelder/Vorsicht: Überlandleitungen/Zieh die Schnur an!/der Drache schwänzelt im Wind ...

AUFGABE **2**

Das Gedicht beschreibt einen Septembermorgen. Zuerst liegt der Nebel noch über den Wiesen, dann fällt er, und man sieht den blauen Himmel, vermutlich auch die Sonne.

AUFGABE **3**

a) Wörter, die Bildvorstellungen beim Leser wecken: Nebel/Welt (nur wenn es „Landschaft" bedeutet) Wald und Wiesen/blauer Himmel/du (ein Mensch? der Leser?).

b) „Schleier": gemeint ist der Nebelschleier. „Noch träumen Wald und Wiesen": träumen können sonst Menschen, wie sieht es aus, wenn ein Wald träumt? „Herbstkräftig": so farbkräftig wie im Herbst? „In warmem Golde fließen": „fließt" der Nebel in der Morgensonne?
Solche poetischen Vorstellungen kann man nicht einfach „fotografieren", d. h. in konkrete Bilder übertragen.

AUFGABE **4**

a) Denkbar wären Titel, in denen Bäume vorkommen, z. B. als Freunde der Menschen und der Tiere. Der Titel könnte aber auch Trauer über den Verlust der Bäume ausdrücken. Der Originaltitel heißt: „Bäume". Die übrigen elf Verse jedoch stellen Erinnerungen des lyrischen Ichs dar. Es denkt an frühere Zeiten, in denen der Kontakt zu den Bäumen eng war: man begrüßte sie, sah ihre Wurzeln, sah die Vögel in den Zweigen. Die wesentliche Aussage ist, es sei inzwischen fast ein Verbrechen, nicht über Bäume zu reden. D. h. man soll sich für die Erhaltung der Bäume einsetzen.

b) Bäume sind lebenswichtig, deshalb muss man über sie und ihr Schicksal sprechen. Sie sind lebenswichtig nicht nur für Tiere, sondern auch – mit dem Sauerstoff, den sie erzeugen – für die Menschen.

AUFGABE **5**

- Stadt/Parkplätze schaffen/Wurzeln/Wind/Vögel
- (Kinder setzen sich auf die „Wurzeln" der Bäume), „Vögel" lassen sich in ihren Zweigen nieder, der Wind bewegt die Blätter.
- Über Bäume muss man sprechen. Sie strahlen Frieden aus.

Du merkst, dass du bei diesem Versuch über den Text hinausgehst. Er macht nur Andeutungen, du malst sie dir aus.

AUFGABE **6**

a) Goethe: Gipfel (Ruhe), Wipfel (Windstille), Vögel (schlafen).
Eichendorff: Täler und Höhen (weite Landschaft), grüner Wald (Sommer?), grünes Zelt (Wald?), „geschäft'ge Welt" (außerhalb des Waldes?).

b) Goethe beschreibt die Ruhe des Waldes, es ist Nacht (Titel!). Dann spricht er zu einem „Du“, das ist vielleicht der Leser, vielleicht auch das „Ich“ selbst. Er werde auch bald „ruhen“. Hier ist das Wort wohl im übertragenen Sinne gemeint und bedeutet Tod. Vielleicht kommt dem Dichter der Gedanke an das Ende, weil er den Jahrhunderte alten Wald vor Augen hat. Der erinnert ihn an das kurze Leben des Menschen. Andere Gedanken verbindet Eichendorff mit dem Wald. Er denkt mit „Lust und Wehen“, das heißt mit Freude und Schmerz, an den Wald. Er muss früher so etwas wie ein Zelt, eine Stätte der Geborgenheit für ihn gewesen sein, darum wünscht er sich, dass es „noch einmal“ so sei. Ihn erinnert der Wald wohl eher an die Jugend als an den Tod. Darin liegt ein wesentlicher Unterschied zu den Gedanken Goethes.

AUFGABE 7

	Goethe	Eichendorff	Fritz
Auge:	Vöglein im Wald	(schöner) grüner Wald, „geschäft'ge Welt“: Beruf? Verkehrslärm? Hektik? „Zelt“: gemeint ist der Wald!	Platanen, Bäume, Wurzeln, Vögel
Ohr:	Vöglein schweigen	Sichere Reizwörter für das Ohr fehlen, es sei denn, man kennt das Lied und denkt an seine Melodie.	das Bäumefällen hört man, auch das Sprechen
Tastsinn:	„Spürest du … einen Hauch“	vielleicht die Vorstellung, dass man das „Zelt“ anfassen kann	das Umstürzen der Bäume könnte man spüren, Wind
Nachdenken:	„… balde ruhest du auch“: Erinnerung an die Vergänglichkeit	„draußen, stets betrogen“: d. h. in der Welt ist man betrogen um die Welt des Waldes, „O schöner“: innere Einstellung zum Wald, „Schlag noch einmal“: Wunsch	„Wieder hat man …“ (Gedankenbild, Erinnerung), „Verbrechen … nicht über Bäume zu sprechen“, „Frieden, an den sie uns erinnern“.

AUFGABE 8

Auch Eichendorff spricht die Augen des Lesers an. Er kann weite „Täler" und „Höhen" und den grünen (sommerlichen?) Wald vor seinem geistigen Auge sehen. Es muss eine sehr weitläufige Landschaft sein. Man kann sich auch die „geschäft'ge Welt" vorstellen, die außerhalb der weiten Landschaft liegt: Es wird die Hektik des Berufsalltages sein. Der Wald wird als „Zelt" (Metapher) bezeichnet.
Der Standort des Betrachters ist irgendwo in der Landschaft, im Wald, sonst könnte dieser ihn nicht als „Zelt" umgeben. Vielleicht schaut er von einem bewaldeten Aussichtspunkt auf die Landschaft.
Eichendorff spricht vom Wald, als sei er ein Lebewesen („O … Wald, Du … "), auch wenn er ihn auffordert, sein „Zelt" um ihn herum aufzuschlagen. Die Verben „saust" und „schlag" stehen im Präsens, d. h. der Betrachter steht inmitten der Situation, blickt auf die Landschaft und denkt darüber sehnsüchtig nach.
Die Vorstellung vom Wald als „Zelt" hat einen übertragenen Sinn. Es könnte so etwas wie Ruhe und Geborgenheit bedeuten, die der Betrachter sonst – „da draußen" in der „geschäft'gen Welt" – nicht mehr hat; nicht mehr, weil er sagt: „noch einmal". Er hatte sie also früher und sehnt sich jetzt danach zurück.
Auch W. H. Fritz, ein Gegenwartsautor, spricht die Sinne seiner Leser an. Zwar sind die Platanen schon gefällt, aber man kann sich das Bild gut vorstellen, wie die großen Bäume am Boden liegen mit zerbrochenen Ästen. Man denkt bei seinen ersten Versen auch an Parkplätze, denen die Bäume weichen mussten.
Neben diesen eher konkreten Bildern gibt es in diesem Gedicht noch Erinnerungsbilder. Der Autor denkt daran, wie man früher die Platanen begrüßte, die Wurzeln sah oder beobachtete, wie der Wind die Blätter bewegte und die Vögel auf den Zweigen sich niederließen. Aber das scheint nun alles vorbei zu sein.
Man sieht es deutlich an den Tempora. Während Goethe und Eichendorff ihre Eindrücke als gegenwärtig vorstellen, berichtet Fritz über Vergangenes, das nur noch in seinen Gedanken gegenwärtig ist. Die Bäume sind bereits „gefällt", seine „Freunde" sind also tot. Auch alle übrigen Verben des ersten Gedichtteils stehen in der Vergangenheitsstufe: „wussten", „waren", „begrüßten". Dann aber wechselt Fritz in die Zeitstufe Gegenwart, um anzuzeigen, dass die Bedeutung der Bäume in seinen Gedanken noch gegenwärtig ist („niederlassen", „erinnern").
Die ersten Verse deuten die konkrete Wirklichkeit noch an, die übrigen Verse stellen Erinnerungsbilder und Gedanken dar. Wie für Goethe und Eichendorff haben auch für Fritz Bäume etwas Beruhigendes. Sie können Frieden ausstrahlen oder – ähnlich wie bei Eichendorff – als Freunde personifiziert werden. Deshalb sagt er auch, es sei ein „Verbrechen …, nicht über Bäume zu sprechen". Er erinnert damit seine Leser daran, wie wichtig die Bäume für unser Leben sind.

AUFGABE

9 In beiden Gedichten wird der Jambus (◡ –) benutzt. Er drückt den gleichmäßigen Schritt des Wanderers und des Soldaten aus. Wenn man sich die Melodie beim Wanderlied dazu denkt, dann klingt es durch den schon im dritten Vers angekündigten Refrain (Kehrreim) etwas lockerer, aufmunternder.
Bei Biermann wirkt das Metrum gleichförmig. Im Blick auf den Inhalt heißt das wohl, dass der Schritt des Soldaten eine einförmige, wenig aufmunternde Angelegenheit für ihn ist.

Das Wandern ist des Müllers Lust,

Das muss ein schlechter Müller sein,

Dem niemals fiel das Wandern ein

Soldat Soldat in grauer Norm

Soldat Soldat in Uniform

Soldat Soldat, ihr seid so viel

Soldat Soldat, das ist kein Spiel

AUFGABE

10 a) Brechts „Drachenlied“ zeigt jemanden, möglicherweise einen kleinen Jungen, der einen Drachen steigen lässt. Dabei spricht er mit ihm wie mit einem Menschen und feuert ihn mit Ausrufen an, hoch in die Lüfte zu steigen. Die erste Strophe könnte man sich noch gesprochen denken, die zweite und dritte stellen sicher Gedanken dar: Der Drache, von der Schnur gehalten, wird vom Wind hochgetrieben. Der Mensch liegt diesem Drachen nun zu Füßen, bleibt tief unter ihm, wenn jener am Himmel fliegt wie ein Flugzeug.
Man kann sich das Gedicht gut als einen inneren Monolog vorstellen, besonders dann, wenn der Drache so hoch gestiegen ist, dass ihn die Worte des Jungen nicht mehr erreichen können.

b) Sprachliche Mittel	Textbeispiel	Wirkung
Befehlssätze	„Fliege, fliege …“ „Steig mit Eifer …“ „Schwing dich …“ „Blick dich um …“	Der Drache wird angespornt. Man sieht fast, was er tun soll oder tut.
Direkte Rede, Anrede	„Fliege …“ usw.	Persönliches Verhältnis: das Kind hat seinen Drachen gern.
Pronomina	„wir“, „unsrer“	Weil nur Pronomina für die Menschen verwendet werden, kann man sich vielleicht besser in das Kind hineinversetzen, fühlt sich selbst wie beim Drachensteigen.
Satzzeichen	Ausrufezeichen sind wichtig.	Die Anteilnahme des Jungen wird deutlicher.

3 Übungen zur Interpretation

AUFGABE 1

a) Vergleicht man beide Gedichte miteinander, so erkennt man wesentliche Unterschiede. Heym beschreibt die Dinge und Vorgänge im Herbst wie ein außenstehender Betrachter (in der 3. Person Präsens). Brecht hingegen beschreibt nicht, sondern spricht in der wörtlichen Rede eines Sprechers (es können auch mehrere sein: „wir“) Sichtbares an. Sein Gedicht enthält eine Reihe konkreter Reizwörter, zu denen man sich als Leser gut vorstellen kann, wie Kinder im Herbst Drachen steigen lassen.
Heym beschreibt eine Reihe von Bildern, die man als Leser gut vor dem „geistigen Auge“ sehen kann: „Viele Drachen stehen in dem Winde“. Der Blick des Betrachters geht zuerst zum Himmel, dann zurück zur Erde: „Kinder stehn im Feld in dünnen Kleidern“. Der Betrachter scheint ganz in der Nähe zu stehen, denn er sieht sogar die Sommersprossen und die bleichen Stirnen der Kinder (Str. 1).
In der zweiten Strophe geht der Blick wieder zu den Drachen hinauf. Sie scheinen wie „kleine Schiffe“ über die „goldnen Stoppeln“ zu segeln. Ihr Weiß hebt sich vom Himmel mit seinen Wolken ab. Der Blick des Betrachters geht in der dritten Strophe in die Ferne: „Weit gerückt in

unbewegter Ruhe/Steht der Wald“ in roten und goldenen Herbstfarben. Heyms Gedicht zeigt einzelne herbstliche Bilder, bei denen besonders die kräftigen Farben der Natur – gegenüber den bleichen Stirnen der Kinder – auffallen. Er beschreibt Bildeindrücke, die man sich gut vorstellen kann.
Anders ist es bei Brecht. Sein „Drachenlied“ beschreibt die Dinge und Vorgänge nicht direkt, sie werden vielmehr in der wörtlichen Rede aufgegriffen. Die Worte sind an einen Drachen gerichtet, er scheint der Gesprächspartner des „lyrischen Ichs“ zu sein.
Eine Reihe von konkreten Reizwörtern („Drache“, „fliege“, „Lüfte“ usw.) erleichtert es dem Leser, sich eine herbstliche Szene lebendig vorzustellen. Dabei regt jede Strophe den Leser zu anderen Vorstellungen und Gedanken an.
Wenn ich das Gedicht lese, sehe ich vor mir ein paar Kinder, die einen Drachen steigen lassen. Sie rufen ihm zu: „Fliege, fliege, kleiner Drache“, und er steigt in die Lüfte. Es sind möglicherweise Stadtkinder, die in Straßenschluchten wohnen und sich in den „Häusergrüften“ wie begraben vorkommen. Für sie ist das Spiel mit dem Drachen sicher etwas Besonderes. In der zweiten Strophe geht der Blick auf die Drachenschnur. Sie hält den Drachen, während dieser steigt. Es muss ein kräftiger Wind sein, der ihn in die Höhe treibt, denn Brecht spricht von „sieben Windsgewalten“. Ganz hoch oben schwebt der Drache in der dritten Strophe, so hoch wie Flugzeuge, sonst könnte es nicht heißen: „Blick dich um, sie zu begrüßen“. Die Menschen wirken aus der Sicht des Drachen so klein und tief unten, dass sie ihm „zu Füßen“ zu liegen scheinen.
Der Vergleich beider Gedichte zeigt, dass Heym zum Teil sehr konkrete Bilder und Vorstellungen „malt“, die besonders durch ihre kräftigen Farben das Auge ansprechen. Brecht vergegenwärtigt eine Szene, in der Kinder einen Drachen steigen lassen, in der wörtlichen Rede. Die konkreten Reizwörter und die Bewegungsverben erleichtern es dem Leser, sich den Inhalt des Gedichts bildhaft vorzustellen. Beide Gedichte sprechen also besonders das Auge an.

b) Das Gedicht besteht aus drei Strophen zu je vier Versen mit einem regelmäßigen Metrum (– ◡). Am Anfang stehen jeweils die betonten Silben, ihnen folgen im regelmäßigen Wechsel unbetonte. Dieses Metrum hat hier etwas Aufmunterndes, Antreibendes. Es unterstützt damit die Aufforderungssätze, die das Aufsteigen des Drachen begleiten.
Die Klanggestalt wird auch in den Reimen hörbar. In den ersten beiden Strophen verbinden Kreuzreime (abab) die Verse miteinander. Dabei fällt auf, dass die Reimwörter inhaltlich zusammengehören (z. B. Sache–Drache) oder einen Gegensatz andeuten (z. B. Lüfte–Häusergrüfte). Einerseits hält der Mensch den Drachen mit der Schnur in seiner Hand, andererseits ist dieser auch vom Wind abhängig, wenn er steigen soll. Dieses doppelte Abhängigkeitsverhältnis wird auch in Reimworten wie „bleiben“ und „treiben“ angedeutet.

Anders ist die Reimbildung in der letzten Strophe. Dort betont ein umschlingender Reim den inhaltlichen Gegensatz:

> „Wir selbst liegen dir zu Füßen!" und
> „Blick dich um, sie zu begrüßen!"

Damit verstärkt der Reim den Gegensatz von Unten und Oben, aber auch von Mensch und Technik. Der Mensch kann sich nicht – wie Drachen und Flugzeuge – in die Lüfte erheben, zumindest nicht ohne technische Hilfsmittel. Deswegen liegt er dem kleinen technischen Wunderwerk zu Füßen, während sich der Drache stolz in die Nachbarschaft der Flugzeuge begibt. Im Zentrum der dritten Strophe steht das umschlungene Verspaar „Ahne"/„Aeroplane". Es zeigt, dass Drache und Flugzeug in eine große Familie von technischen Geräten gehören.
Das Metrum gibt, wie erwähnt, den Versen Schwung und Auftrieb. Es spiegelt damit die Worte wider, die den Flug des Drachens begleiten. Die Reime weisen wirkungsvoll auf aussagekräftige Wörter hin, auf Gemeinsamkeiten oder Gegensätze, die am Versende ein besonderes Gewicht bekommen und den Leser auf sinntragende Worte aufmerksam machen.

c) Heyms Gedicht ist eher eine Reihe von Bildern, während man sich Brechts Gedicht als eine Folge von drei kleinen Szenen vorstellen könnte. Deshalb sind wohl auch die stilistischen Darstellungsmittel so verschieden. Heym stellt sich vor, dass die Drachen wie „kleine Schiffe … in dem Meer der goldnen Stoppeln" segeln. Nur sagt er nicht vergleichend „wie", sondern gebraucht Metaphern. Damit tut er so, als schaukelten die Drachen wie Schiffe im Wind.
Den Himmel personifiziert er, wenn er sich vorstellt, dieser sei „in Träumen". Auffällig sind die vielen Farbbezeichnungen: bleich, golden, weiß, „wolkenüberblaut" und rot. Sie passen zur Farbigkeit der herbstlichen Landschaft.
Eigenartig wirkt auf mich der Vergleich des Waldes mit einer „roten" Stadt, ergänzt durch die Metapher:

> „Und des Herbstes goldne Flaggen hängen
> Von den höchsten Türmen schwer und matt."

Damit sind wohl die Herbstfarben der hohen Bäume gemeint. Heyms Vergleiche, Personifikationen und Metaphern heben mit der Bildwelt seines Gedichts vor allem die Farben hervor.
Bei Brecht hingegen fällt mit der direkten Anrede des Drachen dessen Personifikation auf: „Fliege, fliege", „Steig", „Schwing dich" usw. Er wird in allen drei Strophen wie ein Lebewesen behandelt. Damit wirken die kleinen Szenen sehr lebendig auf den Leser.
In der zweiten Strophe wird die Personifikation fortgeführt. Der Drache ist einerseits abhängig vom Menschen, der ihn an seiner Schnur hält. Aber als „Knecht der sieben Windsgewalten" wird er andererseits erneut personifiziert, diesmal in seiner Abhängigkeit von der Natur, die

auch in dem Bedingungssatz zum Ausdruck kommt, der die ganze zweite Strophe ausfüllt. So erscheint sein Abhängigkeitsverhältnis in einem anderen Licht.
In der dritten Strophe wird aus der Personifikation eine besondere Verehrung. Der Mensch liegt dem Drachen zu Füßen, während der Drache nun auf einer Ebene mit großen, modernen Flugzeugen erscheint. So sind es vor allem zwei Stilmittel, die Brechts Gedicht so lebendig erscheinen lassen: die wörtliche Rede und die Personifikation. Sie machen den Drachen zum Freund und Partner der Kinder, er wird dabei teils zu ihrem Knecht, teils auch zu ihrem Vorbild.

d) Inhaltlich handelt das Gedicht vom Drachensteigen, aber dahinter steckt mehr. Brecht hat sehr grundsätzliche Gedanken mit verwoben. Der Drache steht wohl für die Technik und ihre Entwicklung, die hier vom Menschen beeinflusst wird. Er hat den Drachen erfunden, ihn ent worfen und konstruiert – auch wenn das nicht ausdrücklich so im Text steht. Er hält ihn mit der Schnur in seiner Hand, d. h. er beherrscht ihn. Aber Brecht deutet auch an, dass die Technik von der Natur abhängig sein kann, in diesem Fall von den „sieben Windsgewalten“, die ihn hochtreiben und in der Luft halten – oder abstürzen lassen können. Da mit zeigt sich in diesem Gedicht ein Dreiecksverhältnis von Mensch, Technik und Natur.
In der letzten Strophe erinnert Brecht an die Entwicklung der Technik. Er sieht den Drachen als Vorfahren der großen Flugzeuge, die den modernen Stand der Technik darstellen. Es scheint fast, als wolle er die Technik verherrlichen, wenn er sagt: „Wir selbst liegen dir zu Füßen!“ Schattenseiten der Technik erwähnt Brecht nicht, insofern ist sein „Drachenlied“ ein einseitiges Lob der Technik. Vielleicht passt das eher zu einem „Kinderlied“. Möglicherweise erwartet er, dass die Leser sich – über das letzte Wort de Textes hinaus – noch weiter eigene Gedanken zum Thema machen.

AUFGABE 2

a)

Wahrnehmungsbereich	Mörike	Eich
Augen:	Nebel, Welt (= Landschaft), Wald, Wiesen, blauer Himmel	Regenwasser, Trittspuren der Kühe, Fliegen, roter Nagel, Laden, Angeln, Rahmen, Mauer
Ohren:		Wind, Laden wird kreischen, an Rahmen und Mauer schlagen „Wer hört ihn?“

Verben:	ruhet (Welt), träumen (Wald ...), siehst du ..., fließen	wird ... nicht überstehen, wird kreischen (wird) schlagen

b) Manche Wörter stellen aber keine Wirklichkeit dar, sie sind Gedankenbilder, so z. B. die Vorstellung, dass Wald und Wiesen „träumen" könnten. Das ist eine Personifikation, die sicher zeigen soll, wie verbunden sich der Dichter mit der Natur fühlt, wenn er ihr menschliche Eigenschaften zuspricht. Auch dass die „Welt" in „warmem Golde" fließt, ist ein Sprachbild: es sind die Strahlen der Sonne, die die herbstliche Landschaft färben.
Mörikes Verben weisen zuerst auf die Ruhe in der Natur hin („ruhet", „träumen"). Dann aber bringen sie Bewegung in das Bild: „fällt", „fließen". Alles ist, wie das Tempus belegt, für ihn gegenwärtig.
Auch Günter Eich spricht das Auge des Lesers an. Man kann sich die „Verlassene Alm" gut vorstellen, auch wenn das Auge nur zu wenigen Blickpunkten geführt wird, z. B. zum „Regenwasser in den Trittspuren der Kühe". Belebt wird das Bild von Fliegen in einer Novemberlandschaft. Die Almhütte, die Weiden, Berge und Wald werden nicht erwähnt, sie muß sich der Leser dazudenken. Eich wählt nur wenige Ausschnitte aus der Wirklichkeit.
Während Mörike fast ausschließlich das Auge anspricht, gibt es in Eichs Gedicht auch etwas zu hören: den Wind, der über einen „roten", d. h. wohl rostigen Nagel streift. Laut wird es, wenn man sich vorstellt, wie der Wind den Fensterladen „einmal an den Rahmen ..., einmal an die Mauer" schlagen und dabei „in den Angeln kreischen" wird.
Die Tempora zeigen, dass Eich zwar die Eindrücke der ersten Strophe vor Augen hat (die kleinen Pfützen mit Regenwasser und den „ratlosen" Fliegen darauf, die Geräusche aber denkt er sich aus. Man sieht es am Futur („wird"). Dadurch verstärkt er den Eindruck von einer menschenleeren, verlassenen Alm. Nur die Schlussfrage: „Wer hört ihn?" (den Wind) deutet an, dass sich wohl außer dem Dichter kaum jemand darüber Gedanken macht.
Beide Dichter zeichnen zunächst, gleichsam in einem stehenden Bild, einen ruhigen Anblick: Mörike blickt in eine weite Landschaft, Eich schaut in eine Pfütze. Doch für beide beleben sich die Bilder. Bei Mörike bringen Sonne und Nebel Bewegung in das angenehme, herbstliche Bild. Eich stellt sich Geräusche vor, mit denen der Wind die einsame Almhütte beleben wird. Er zeigt weniger die Schönheiten der Natur, dennoch merkt man seinen Versen an, dass er die Alm gern betrachtet.

AUFGABE 3

a) Verkehrsunfälle; viele Verletzte und Tote, darunter auch Kinder; viele Autos drängen durch die engen Straßen; die Menschen müssen ihnen weichen usw.

b) Übergang von außen (Straßen) nach innen (Wohnung); geht auf DICH (den Leser) zu; persönliche Anrede usw.

AUFGABE 4

a) Menschen/Kinder leben beengt; viel Platz (auch im Text) für Straßen und Autos, wenig für Kinder; Probleme der heutigen Zeit: Zerstörung der Natur, der Mensch wird bedrängt, kein Platz für Erholung in der Stadt.

b) Kein Gedicht, bei dem Zeile unter Zeile steht, sondern besondere Anordnung im Druckbild so, dass Technik und andere Dinge mehr Platz bekommen als Menschen. Die Zeilen engen alles so ein, dass „man sich eingewickelt, eingeschnürt vorkommt"; alle werden „durch Sachen aus der Umwelt sehr beengt".

c) Es gibt „keine Reime", keine „auffallenden Wörter". – Doch: „DICH" am Ende wird betont. Der Dichter spricht den Leser persönlich an.

d) Grammatik: Der Gebrauch des Präsens soll vielleicht zeigen, dass es (heute/sofort) wichtig ist, etwas gegen die Zerstörung der Umwelt und die Einengung des Lebensraums zu tun.

AUFGABE 5

Das Gedicht hat keinen Titel, über den man sich Gedanken machen könnte, aber die erste Zeile klingt alarmierend. Man denkt an Verkehrslärm und Unfälle, die oft auch Kinder betreffen.

Befremdlich ist der erste Eindruck, den das Gedicht auf mich macht; das Druckbild ist ganz anders als gewohnt. Es steht nicht Zeile unter Zeile, sondern sie laufen in einer vierkantigen Schneckenlinie von außen nach innen. Die äußeren Zeilen zeigen die Umwelt, die inneren laufen auf den Menschen zu. Man muss das Blatt im Kreis drehen, wenn man das Gedicht lesen will. Das ist für ein Gedicht ungewöhnlich.

Das Thema ist die heutige Umwelt der Kinder, die besonders in den Städten wenig Spielmöglichkeiten haben. Den Inhalt bilden keine Ereignisse oder Vorgänge, es sind nur Feststellungen, die daran erinnern, dass für Straßen, Parkplätze und eingezäunte Wiesen mehr Platz da ist als für Kinder die oft sehr beengt leben müssen.

Sichtbares und Gedanken liegen in diesem Text eng beieinander. Die vielen konkreten Wörter (Straßen, Plätze, Wiesen, Anlagen usw.) beschreiben nicht nur Dinge, sondern verkörpern die Gedanken des Autors, der sich über die gegenwärtigen Verhältnisse beklagt.

Dabei wird vor allem das Auge des Lesers angesprochen, nur mit dem Hinweis auf Treppenhäuser als „Ruheorte“ wird kurz an möglicherweise Hörbares erinnert.

Eigenwillig sind Textaufbau und Klanggestalt. Das Gedicht hat keine Strophen und Verse, kein Versmaß und keinen Reim. Aber die ungereimten Sätze (Zeilen) passen zum Inhalt, der nicht gerade Erfreuliches über Spiel- und Entfaltungsmöglichkeiten für Kinder berichtet. Gut veranschaulicht das Druckbild den Textaufbau, denn es zieht gleichsam immer enger werdende Mauern um den Menschen im Zentrum des Textes.

So erscheint es auch verständlich, dass Sprachbilder fehlen. Mit einfachen Worten werden Missstände unserer Zeit genannt.

Schmucklos ist auch die Grammatik. Die Verben stehen im Partizip Perfekt. Sie kündigen abgeschlossene Vorgänge an. Auf die zunehmend beengteren Verhältnisse für Kinder weisen auch die Adjektive hin. Der Satzbau wirkt sehr einfach, wenn nicht die ständige Wiederholung der Subjektsätze Absicht wäre: „Die Straßen sind …“ usw. Nur der Schlusssatz bildet eine auffällige Ausnahme: er ist eine Frage, mit der endlich der Mensch bedacht wird. Sie spricht den Leser direkt an: „Was bleibt noch am Ende für jemand wie DICH?“ Sicher soll das ein Anstoß zum Nachdenken sein.

Den Problemgehalt braucht man nicht zu erschließen. Er wird ganz unpoetisch ausgesprochen – in jedem Satz durch ein anderes Beispiel: die Kinder in den Städten haben zu wenig Entfaltungsmöglichkeiten.

Ein lyrisches Ich ist nicht zu erkennen, wohl aber ein Du: der Leser, den der letzte Satz deutlich anspricht.

Der Text bezieht sich auf unsere Zeit. Ob er auch die Vergangenheit und die Zukunft betrifft, ist schwer zu sagen.

Vergleicht man den Text mit anderen Gedichten in diesem Trainingsprogramm, dann fallen besonders sein Druckbild und seine Prosaform auf. Aber diese spezielle Form passt zu dem wenig angenehmen Inhalt des Gedichts.